LIDERAR
CON
INTELIGENCIA
CULTURAL

EL NUEVO SECRETO
PARA EL ÉXITO

DR. DAVID LIVERMORE
PRÓLOGO POR
DRA. SOON ANG Y DRA. LINN VAN DYNE

GRUPO NELSON
Una división de Thomas Nelson Publishers
Desde 1798

NASHVILLE   DALLAS   MÉXICO DF.   RÍO DE JANEIRO

© 2012 por Grupo Nelson®
Publicado en Nashville, Tennessee, Estados Unidos de América. Grupo Nelson,
Inc. es una subsidiaria que pertenece completamente a Thomas Nelson, Inc. Grupo
Nelson es una marca registrada de Thomas Nelson, Inc. www.gruponelson.com

Título en inglés: *Leading with Cultural Intelligence: The New Secret to Success*
© 2009 por David Livermore
Publicado por AMACOM, una división de la American Management Association,
International, Nueva York. Todos los derechos reservados.

Editora General: *Graciela Lelli*
Traducción y adaptación del diseño al español: *Ediciones Noufront /
www.produccioneditorial.com*

ISBN: 978-1-60255-580-8

Impreso en Estados Unidos de América
12 13 14 15 16 QG 9 8 7 6 5 4 3 2 1

Para Linda... mi alma gemela definitiva,
mi compañera de viaje y mi amor

CONTENIDO

Estamos orgullosas de escribir el prólogo al último libro de David Livermore sobre inteligencia cultural (IC). Conocemos la labor profesional de Dave desde hace muchos años y hemos seguido su trabajo con gran interés. Dave siempre ha sentido una gran pasión por la formación y la educación intercultural y ha pasado muchos años formando a líderes para servir en pequeñas misiones en el extranjero.

Nosotras, que fuimos las primeras profesoras académicas que lideramos la investigación y la ciencia básica de la inteligencia cultural en el comportamiento empresarial y la psicología intercultural, conocimos a Dave mediante un compañero en común. Aquel colega pensó que nuestras investigaciones acerca de la inteligencia cultural podían influir en el trabajo que Dave estaba realizando en ese campo *y* que la vasta experiencia intercultural de Dave podía ayudarnos a nosotras a refinar nuestra propia forma de pensar en la inteligencia cultural.

Poca gente es capaz de traducir un trabajo técnico académico en un material claro y lúcido. Dave ha hecho precisamente eso con este libro acerca del liderazgo desde la inteligencia cultural. Dave está especialmente cualificado para escribir este libro. Tiene un doctorado en el área de la educación, con especial énfasis en la educación multicultural. Entiende la importancia de los principios de gestión basados en las pruebas, y para sus puntos clave enfatiza las pruebas científicas basadas en investigaciones antes que las anécdotas. Como resultado de ello, *Liderar con inteligencia cultural* presenta una visión del liderazgo que está sólidamente conectada con la teoría y la investigación de la inteligencia cultural. Al mostrar los conceptos clave y las ideas que han sido validadas académicamente, Dave le da vida con exactitud al concepto de la inteligencia cultural y lo aplica con hábiles métodos para los negocios globales y los que los practican.

El libro es fácil de leer y sumamente relevante para los directivos de hoy en día y los líderes globales que se enfrentan cuerpo a cuerpo con las complejidades de las diferencias culturales. Dave utiliza ejemplos ricos y gráficos de la vida real a lo largo de todos los capítulos de este libro.

Dave comienza el libro explicando la importancia de la inteligencia cultural en las organizaciones actuales, ilustrando por qué la inteligencia cultural es fundamental para la eficacia de los líderes. Después describe metódicamente el ciclo de los cuatro pasos de la IC, que incluye regular nuestra propia motivación para aprender acerca de otras culturas, adquirir conocimiento de ellas, ser más conscientes de cómo nosotros mismos y los demás somos culturalmente diferentes y adaptar nuestro comportamiento para ajustarse a otras culturas.

Dave describe cada paso de este ciclo con claridad y concisión, y finaliza cada capítulo de la segunda parte con una serie de prácticos pasos de acción. Estas sugerencias sirven como puntos de partida para aquellos que desean desarrollar su propia IC, así como para influir con eficacia en sus diversas experiencias culturales.

Este libro es para aquellos que estén en cualquier posición de liderazgo. También es especialmente relevante para los líderes globales, los equipos multiculturales, los gerentes de recursos humanos, los profesionales de formación y desarrollo de directivos, investigadores empresariales y estudiantes. Interesará a cualquiera que quiera entender mejor los factores que hacen que sea tan importante un liderazgo eficaz en nuestro mundo global y multicultural.

También es, de hecho, un privilegio excepcional el que nos hayan pedido que escribiéramos el prólogo a un libro que se convertirá en la quintaesencia del liderazgo global del siglo veintiuno en adelante.

—Dra. Soon Ang
Catedrática de Goh Tjoei Kok y profesora del Management Center for Leadership & Cultural Intelligence de la Nanyang School of Business, Universidad Tecnológica de Nanyang, Singapur

—Dra. Linn Van Dyne
Profesora de Gestión
Universidad Estatal de Michigan, East Lansing, Michigan

Todos lo hemos visto. Algunos líderes se mueven con soltura en diferentes contextos culturales con tan poco esfuerzo como un patinador olímpico sobre hielo realizando un número digno de medalla de oro. Y otros se parecen más a mí cuando trastabillo en la pista de hielo de nuestra ciudad en la salida que hacemos una vez al año con los niños. ¿Cuál es la diferencia? ¿Por qué algunos líderes son más eficaces gestionando a través de las fronteras culturales que otros? ¿Por qué algunos líderes crean confianza con eficacia y negocian contratos con latinoamericanos, chinos y alemanes en el mismo día mientras que otros no dejan de tropezar al tratar de gestionar la diversidad dentro de sus propias oficinas? Y lo que es más importante, ¿cuál es la diferencia entre los líderes que demuestran un genuino respeto por la gente que ve el mundo de un modo diferente y aquellos que no lo hacen? De eso es de lo que trata este libro: de aprender a liderar con inteligencia cultural. *Inteligencia cultural*, o IC, es tu «capacidad para funcionar con eficacia en cualquier cultura nacional, étnica y organizativa».[1] En vez de esperar que domines todas las normas de las diferentes culturas con las que te vayas encontrando, la inteligencia cultural te ayuda a desarrollar un repertorio global y una perspectiva que dé pie a un liderazgo más efectivo. La inteligencia cultural es, a la vez, una capacidad y un modelo global para pensar en el liderazgo intercultural. A lo largo del libro, los términos *transcultural* e *intercultural* se utilizan como sinónimos. Aunque técnicamente los términos difieren (*intercultural* se refiere a la interacción entre dos culturas y *transcultural* se corresponde a la interacción entre varias culturas), he seguido la norma de muchos autores de utilizar los dos términos de forma intercambiable, con el uso primario del término *intercultural*.

El por qué de este libro

El propósito de este libro es enseñar cómo liderar con inteligencia cultural. Enraizado en una investigación que involucra a veinticinco países, este libro te ofrece un ciclo de cuatro pasos que se puede aplicar a cualquier situación intercultural. Nadie lidera a través de las culturas de forma perfecta, pero aprendiendo y aplicando estos cuatro pasos puedes mejorar el modo en que lideras y te relacionas con numerosas culturas nacionales, étnicas y organizativas.

Existe una gran abundancia de libros y modelos disponibles acerca de la gestión global de empresas y el liderazgo intercultural. Muchas de esas fuentes han conformado mi propio pensamiento y práctica. Sin embargo, el setenta por ciento de las aventuras internacionales continúa fracasando por culpa de las diferencias culturales.[2] Los acercamientos simplistas que enseñan prácticas culturales y tabús no son suficientes. Hay, en cambio, algunos libros sobre cultura y liderazgo que son tan complejos y cerebrales que uno se siente tentado a abandonarlos como pura retórica elevada.

Liderar con inteligencia cultural es una pieza única en medio del resto de títulos sobre liderazgo intercultural porque proporciona una base de trabajo coherente, basada en las investigaciones (inteligencia cultural), para tener éxito en una gran variedad de contextos culturales. Está escrito por profesionales que trabajan que un amplio registro de escenarios, incluyendo el de los negocios, el gobierno y el de las organizaciones sin ánimo de lucro. El ciclo de cuatro pasos (la determinación, el conocimiento, la estrategia y la acción de la IC) que se presenta en este libro puede aplicarse a cualquier situación multicultural.

Base de las investigaciones

El modelo de inteligencia cultural está arraigado en un riguroso trabajo empírico, el cual abarca a investigadores de veinticinco países. Los investigadores Christopher Earley y Soon Ang han basado su estudio en múltiples inteligencias para desarrollar el modelo conceptual de la inteligencia cultural.[3] La Escala de Inteligencia Cultural, con su inventario de veinte puntos, fue desarrollada y validada para medir la IC en múltiples culturas.[4] La IC predice muchos aspectos importantes de la eficacia intercultural y proporciona una sólida base para el trabajo científico. Desde 2003, la IC ha atraído la atención mundial sobre diversas disciplinas. Aunque ha sido probada sobre todo en el ámbito de los negocios y la educación, también se han recogido datos de los campos de la enfermería, la ingeniería, el derecho, la consejería, la salud mental, el gobierno y la religión.[5]

Los estudios a los que se hace referencia a lo largo del libro provienen de diversos investigadores ocupados en comprobar la inteligencia cultural, incluyéndome a mí mismo. Todos los datos sacados directamente de los estudios de otros se citan como tal. En particular, la doctora Soon Ang de la Universidad Tecnológica de Nanyang en Singapur y la doctora Linn Van Dyne de la Universidad Estatal de Michigan han compartido generosamente su investigación, sus puntos de vista y sus varios años de estudio en inteligencia cultural. Nosotros tres trabajamos estrechamente en la investigación y la aplicación de la inteligencia cultural, y tienes anotadas las referencias a su trabajo a lo largo del libro. Mi propia investigación ha sido fundamentalmente cualitativa, aunque siempre basada en el trabajo cuantitativo de los demás. Se puede encontrar una breve descripción de la naturaleza y la metodología de mis estudios en el apéndice. Para respetar y proteger la confidencialidad de las personas estudiadas, sus nombres y los de sus organizaciones han sido cambiados; sin embargo, otra información demográfica (como el género, la edad, la etnia y la localización) no ha sido alterada en la cobertura de las conclusiones a lo largo del libro.

Cómo leer este libro

Piensa en *Liderar con inteligencia cultural* como en una guía de campo para entender y desarrollar inteligencia cultural en ti mismo y en los demás. La IC no es un objetivo per se, sino una habilidad que sirve de brújula para guiarnos a través del globalizado mundo del liderazgo. Nadie llega al final de este viaje. Pero, con algún esfuerzo, lo haremos mejor.

Algunos líderes tienen poco tiempo para leer más allá de un breve resumen de ideas. Si tú eres esa clase de lector, puedes pasar rápidamente las hojas del libro para quedarte con lo esencial del modelo de cuatro pasos leyendo los resúmenes sombreados que aparecen por todo el texto. Otros querrán ver el cuadro completo leyendo las historias y las explicaciones. Eso también se puede encontrar aquí. Te animo a que leas este libro del modo que mejor se ajuste a ti.

El capítulo uno explica la relevancia de la inteligencia cultural para el liderazgo. Aunque muchos líderes admiten de buena gana el escaparate multicultural del liderazgo actual, examinaremos algunas razones recurrentes de por qué una capacidad como la inteligencia cultural está exclusivamente ligada al desafío del liderazgo en el siglo veintiuno. El capítulo dos proporciona una visión de conjunto del modelo de inteligencia cultural, incluyendo una breve descripción de sus cuatro dimensiones. Los capítulos del tres al siete presentan la sección más importante del libro: los cuatro pasos para convertirse en alguien más inteligente culturalmente. Estos cuatro pasos son un ciclo que podemos repasar antes de aceptar cualquier tarea intercultural. Los dos capítulos finales, el ocho y el nueve, analizan los modos clave para desarrollar la IC en ti mismo y en tu organización.

Escribir este libro ha sido algo muy personal para mí, porque no escribo como si fuera un mero espectador, observando el liderazgo intercultural de los demás. He pasado el último par de décadas en papeles de liderazgo con gente de una extensa gama de trasfondos culturales en varios países diferentes. En mi propia experiencia de liderazgo intercultural he tenido tantos fracasos como éxitos. Y he pasado los últimos años investigando el fenómeno de liderazgo intercultural en los demás. Así pues, el libro incluye datos de estudio ilustrados con historias de la vida real para ofrecer buenos consejos para el liderazgo intercultural.

¡Qué época tan apasionante! Prácticamente puedes hablar gratis con cualquier persona en el otro lado del mundo. Las causas que apreciamos en nuestros corazones pueden tocar las vidas de gente que vive a quince husos horarios de nosotros. Aprendemos de líderes que trabajan y gestionan sus empresas en lugares muy diferentes de nosotros. Podemos comer nachos en Bangkok, *sushi* en Johannesburgo y *baklava* en Omaha. Podemos aprovechar los conocimientos de contabilidad de los profesionales de Bangalore. Y a pesar de los costes cada vez mayores del combustible, la oportunidad de ver el mundo de primera mano e interactuar con gente de todo el planeta nunca ha sido más posible. Con inteligencia cultural, podemos involucrarnos en nuestro mundo, cada vez más pequeño, con un profundo sentido de respeto mutuo y de dignidad hacia cualquier persona en cualquier parte. Este libro proporciona un camino para embarcarse con dignidad y éxito en el viaje hacia un mundo menguante. Me complace compartir este viaje contigo.

—David Livermore
Grand Rapids, Michigan

AGRADECIMIENTOS

Steve Argue, colega profesional y amigo, comparte cada proyecto conmigo. Ya sea evitando que tire la toalla, empujándome a que mejore lo que hay u ofreciéndome su mente tan creativa, no podría escribir sin su contribución.

Este es un libro diferente gracias a Soon Ang, Dick DeVos, Rebecca Kuiper, Linda Fenty, Don Maine, Kok Yee Ng, Sandra Upton, Linn Van Dyne y Mike Volkema. Todos ellos leyeron un tosco borrador del manuscrito, y su contribución modeló profundamente el producto final.

Hay una buena razón de por qué ves los nombres de Soon Ang y Linn Van Dyne a lo largo de todo el libro. Ellas me inspiraron para escribirlo y lo hicieron posible gracias a que compartieron con generosidad sus investigaciones, sus puntos de vista, críticas y ánimos. Me siento agradecido de compartir con ellas el modo de llevar la investigación y las explicaciones de la inteligencia cultural más allá.

La primera respuesta a mi propuesta de Christina Parisi, mi editora de AMACOM, fue: «He estado interesada en ese tema desde que fui al extranjero en la universidad». Su resonancia personal acerca de este tema silenció las ofertas de otros editores. Y el compañerismo a lo largo del desarrollo del libro ha sido profundamente gratificante.

Mi hija mayor, Emily, está creciendo para convertirse en una jovencita culturalmente inteligente que se enzarza en grandes diálogos conmigo. Y el amor por la vida de mi hija Grace y su habilidad para «decir las cosas tal cual son» me hace reír y seguir mirando la vida con perspectiva. Mi esposa, Linda, ha participado en cada iteración de este proyecto, desde su germen como idea hasta los toques finales. Su amor, debate, ánimo y compañerismo me han resultado un regalo como ningún otro.

Primera parte

¿Qué es la IC y por qué la necesito?

CAPÍTULO 1

LIDERAS EN UN TERRENO MULTICULTURAL:
¿POR QUÉ LA IC?

El liderazgo, hoy en día, es un desafío multicultural. Pocos de nosotros necesitamos convencernos de ese hecho. Competimos en un mercado global, gestionamos una plantilla diversa e intentamos mantener el ritmo de las rápidas tendencias cambiantes. Sin embargo, muchas aproximaciones a este desafío del liderazgo parecen, desde lejos, demasiado simplistas (por ejemplo: «Sonríe, evita estos tres tabúes y todo irá bien») o demasiado extremos (por ejemplo: «No vayas a ningún sitio hasta que seas un gurú de la interculturalidad»). La inteligencia cultural ofrece un camino mejor. El ciclo de cuatro pasos de la inteligencia cultural presente en este libro es algo a lo que puedes acudir cada vez que te enfrentes a una nueva situación de interculturalidad.

¿Cuáles son los mayores obstáculos para que alcances tus metas a nivel personal y profesional? ¿Cómo lideras con eficacia a personas que provienen de diferentes trasfondos culturales? ¿Qué clase de situaciones culturales te provocan un mayor nivel de fatiga? ¿Cómo le das instrucciones para un trabajo a un empleado paquistaní frente a uno de Bosnia? ¿Qué clase de formación deberías diseñar para un equipo de gestión que proviene de múltiples trasfondos culturales? ¿Cómo le ofreces tu opinión a un compañero que viene de una cultura que prefiere esconder la cabeza antes de recibir una crítica directa y honesta? ¿Y cómo puedes mantenerte al día en todos los escenarios culturalmente diferentes que emergen en nuestro rápido mundo globalizado? Este es el tipo de preguntas que se contestarán por medio del ciclo de cuatro pasos presentado en este libro.

He estado fascinado toda mi vida por las culturas. Desde mi infancia como niño canadiense creciendo en Nueva York, me sentía intrigado por las diferencias que encontrábamos en nuestros viajes a través de la frontera para visitar a nuestros familiares en Canadá. Me atraía el dinero multicolor, la forma distinta de decir las cosas y la variada cocina que encontrábamos al pasar la aduana. He aprendido mucho más acerca de liderazgo, asuntos globales y mi fe de las experiencias y el trabajo intercultural que de cualquier curso de posgrado que haya tomado o enseñado. He hecho reír a la gente cuando he chapurreado una lengua diferente o sin darme cuenta he comido algo del modo «equivocado». Me he estremecido tiempo después al descubrir que había ofendido a un grupo de colegas de diferente etnia porque había pasado *demasiado* tiempo halagándolos. Soy mejor líder, mejor profesor, mejor padre, amigo y ciudadano a causa de las amistades interculturales que he forjado en mi trabajo. Y por medio del fascinante dominio de la inteligencia cultural, he descubierto un camino próspero para comprender y prepararme para mi trabajo intercultural.

La *inteligencia cultural* es la «capacidad para funcionar con eficacia en cualquier cultura nacional, étnica y organizativa».[1] Lo puede aprender casi cualquier persona. La inteligencia cultural ofrece a los líderes un repertorio global y una perspectiva que puede aplicarse a un sinnúmero de situaciones culturales. Es una capacidad que incluye cuatro dimensiones diferentes que nos permiten hacer frente a las vertiginosas demandas del liderazgo. Este libro describe cómo conseguir la astucia y la ventaja competitiva que provienen de aplicar el ciclo de cuatro pasos de la inteligencia cultural. Piensa en una misión intercultural o una situación a la que te enfrentes. Tómate un minuto y recorre el ciclo de cuatro pasos de la IC ahora mismo:

1. La determinación de la IC: ¿cuál es tu motivación para esta misión?

2. El conocimiento de la IC: ¿qué información cultural se necesita para completar esta tarea?

3. La estrategia de la IC: ¿cuál es tu plan para esta iniciativa?

4. La acción de la IC: ¿qué comportamientos necesitas adaptar para hacerlo con eficacia?

Si no tienes idea de cómo contestar a una o más de estas preguntas ahora mismo, el libro te explicará cómo hacerlo. Pero antes de describir con más detalle qué es la inteligencia cultural y cómo se desarrolla, es importante que veas su directa relevancia para el liderazgo en un mundo que se globaliza con rapidez. Este capítulo analiza algunas de las razones más convincentes para convertirse en alguien más inteligente culturalmente. Empezaremos con una historia y después nos fijaremos en una visión general de la importancia de la inteligencia cultural para las exigencias más insistentes del liderazgo.

Desde el oeste de Michigan hasta África Occidental

Es el día anterior a mi viaje a Monrovia, la capital de Liberia. Liberia, un pequeño país en la costa de África Occidental, no es un lugar que hubiera planeado visitar con antelación. Pero, puesto que mi organización ha formado allí una alianza, ahora se ha convertido en un destino habitual para mí. He pasado mucho más tiempo trabajando en Europa, Asia y Latinoamérica, destinos que me resultan más familiares. África Occidental me sigue pareciendo demasiado extranjero. Aun así, este plano mundo de la globalización hace que incluso los lugares más extranjeros parezcan sospechosamente familiares de un modo extraño. El acceso a Internet en el hotel donde me hospedo, la Coca-Cola Light y el uso de dólares estadounidenses le extraen a un lugar como Monrovia algo de su sensación de sitio remoto, aunque todavía tengo que hacer un montón de adaptaciones para mi trabajo en Liberia.

Es increíble cómo la vida y el trabajo en este mundo nuestro que se globaliza rápidamente nos trae un número sin precedentes de encuentros con gente, lugares y cuestiones de todo el mundo. Supongo que la tierra es plana... ¿no es así? El economista Thomas Friedman popularizó el término *tierra plana* para sugerir que los competitivos campos de juego entre los mercados industrializados y los emergentes se están nivelando.[2]

Paso el día anterior de partir para África Occidental atando cabos sueltos previos a mi ausencia de una semana. Respondo correos electrónicos de colegas en Dubái, Shanghái, Frankfurt y Johannesburgo, y charlo por teléfono con clientes de Kuala Lumpur y Hong Kong. Mi esposa y yo aprovechamos para un rápido almuerzo en nuestro restaurante indio favorito y hablamos con un refugiado sudanés que embolsa la compra que hemos recogido antes de volver a casa. Antes de que mis hijos regresen a casa de la celebración del Cinco de Mayo mexicano en el colegio, llamo a la empresa de mi compañía de crédito y doy con un representante de atención al cliente en Delhi. Incluso en la pequeña ciudad de Grand Rapids, Michigan, donde vivo, abundan los encuentros interculturales.

Uno podría pensar que viajar a través de un mundo plano sería más fácil de lo que es. Llegar a Monrovia desde Grand Rapids requiere una planificación detallada y causa estragos en el cuerpo. Mi viaje y mi trabajo deben planearse sobre los únicos tres días a la semana que Brussels Air, la única aerolínea occidental que vuela a Monrovia, viaja hacia allí. Pero, aun así, el hecho de que pueda desayunar con mi familia una mañana y que menos de veinticuatro horas después esté recorriendo la costa atlántica en África Occidental todavía sigue siendo bastante impresionante. Así que quizá la tierra se esté volviendo plana.

En el vuelo de Bruselas a Monrovia me siento junto a Tim, un liberiano de veintidós años que actualmente vive en Atlanta. Charlamos brevemente. Él describe su entusiasmo al volver a casa a Liberia por primera vez desde que sus padres le ayudaron a planear su escapada a Estados Unidos durante la guerra civil de hace diez años.

Cuando aterrizamos, veo los aviones de la ONU aparcados en el asfalto. Hace apenas ocho horas caminaba por las calles de Bruselas y compraba un gofre matutino. Y aquí estoy, abriéndome camino hacia el control de pasaportes en Monrovia. Tal vez viajar a través de múltiples zonas horarias no esté tan mal después de todo.

Al final termino en la zona de recogida de equipajes junto a Tim, mi nuevo conocido. Un mozo de estación que parece tan mayor que podría pasar por centenario ayuda a Tim con su equipaje. El mozo le pregunta: «¿Cuánto tiempo te vas a quedar aquí, amigo?» «Solamente dos semanas. Desearía estar más tiempo», responde

Tim. El mozo se echa a reír con una risa punzante. «¿Por qué, amigo mío? ¡Eres de Estados Unidos!» «Lo sé —responde Tim—, pero la vida es dura allí. Desearía poder quedarme acá más tiempo. La vida es mejor aquí». El mozo se ríe aún más fuerte, palmotea a Tim en la espalda y dice: «¡Estás loco, hombre! Mírate. ¡Tienes pasaporte americano! No sabes lo que es tener una vida dura. Llevo trabajando treinta y siete horas seguidas y llevan seis semanas sin pagarme. Pero no puedo dejar este trabajo. Mucha gente no tiene. Y tú mírate. Estás comiendo bien. Estás todo rollizo y saludable. ¡Y vives en Estados Unidos!» Tim sacude la cabeza y dice: «Tú no sabes. No tienes ni idea, ni idea. Es duro. No importa. Agarra mi maleta y ya está».

Puedo ver cómo el cansancio penetra en los anchos hombros de Tim.

Puedo entender por qué el mozo encontraba completamente irrisorio que un tipo de veintidós años que puede permitirse dos semanas de vacaciones al otro lado del océano considere «dura» la vida. Aun así, imagino que como joven afroamericano viviendo en Atlanta Tim pase algunos apuros significativos. Las estadísticas se amontonan en su contra. ¿Cuántas personas echan el cerrojo a las puertas de sus coches cuando él pasa cerca? ¿Por cuántos aros ha tenido que pasar para ser contratado en el centro de *fitness* donde trabaja? Y Tim me ha hablado de las enormes expectativas que tienen puestas sobre él su familia y sus amigos que aún viven en Liberia. Después de todo, ellos no consiguieron escapar de la guerra, así que lo menos que él puede hacer es mandar dinero regularmente para mantenerlos. Observar ese tipo de interacciones mientras viajamos provee puntos de vista para negociar y completar nuestros resultados estratégicos.

Cuando salgo del aeropuerto de Monrovia, una sonriente mujer adornada de un naranja brillante de la cabeza a los pies me vende una tarjeta SIM para mi teléfono por cinco dólares. Le entrego los cinco dólares estadounidenses. Le mando un mensaje de texto a mi familia para hacerles saber que he llegado sano y salvo. Mientras camino, escribiendo el mensaje y buscando a mi chófer, casi me tropiezo con una mujer que está haciendo sus necesidades, veo niños vendiendo agua para beber y paso a hombres de mi edad que para los estándares liberianos se encuentran en sus últimos años. El hecho de utilizar mi teléfono para enviar un mensaje de texto a casa hace que lo extraño se vuelva familiar, pero ver a niños de la edad de mis hijos vendiendo agua hace que el mismo lugar parezca extraño.

Después de una decente noche de descanso, me levanto para correr un poco por las calles embarradas junto a mi hotel. Sigo pasando junto a niños que llevan cubos de agua en la cabeza desde los pozos cercanos. El desayuno en el hotel donde me hospedo tiene lugar en una gran mesa de comedor donde a los invitados se les sirven dos huevos poco hechos, un perrito caliente, una pieza de pan blanco y una taza de café instantáneo. Esta mañana en particular, la mesa del desayuno incluye a unos consultores de la ONU de India y Suecia, un economista de Estados Unidos, algunos ejecutivos norteamericanos y un médico británico.

Empiezo a hablar con la mujer de negocios norteamericana que está sentada a mi lado. Trabaja para una firma estadounidense que vende comida para bebés. Me cuenta que este es su quinto viaje a Monrovia en los últimos dos años. Antes de su primer viaje, convenció a su empresa de que había un mercado en crecimiento para la comida infantil en Liberia, particularmente entre muchos liberianos que estaban regresando de vivir en el extranjero tras quince años de guerra. En el exterior, aquellos liberianos habían visto los beneficios nutricionales y la conveniencia de la comida infantil y estaban seguros de que podrían convencer a sus compatriotas para que también la compraran. La compañía envió varios contenedores llenos de comida infantil. Mandaron un tipo de comida seleccionada cuidadosamente basándose en estudios de mercado acerca de la dieta liberiana, pero utilizando la misma presentación que en Estados Unidos: una etiqueta con el dibujo de un bebé. La compañía lanzó su producto con montones de promociones, incluyendo muestras gratuitas para que los padres se lo diesen a probar a sus hijos, pero muy poca gente tomó las muestras, y menos aún compraron la comida infantil, a pesar de que se les había presentado a un precio realmente bajo. Las ventas de comida infantil en Liberia no dejaron de caer hasta que la compañía se dio cuenta de repente de que los distribuidores de comestibles africanos normalmente colocaban imágenes de los contenidos en sus etiquetas. Por lo tanto, comercializar un tarro con un bebé en el frente no vendía. ¡Oh, vaya!

Al escuchar su historia, el doctor británico de pelo canoso sentado enfrente de nosotros empieza a contar una anécdota de su propia cosecha. Nos relata cómo envió varias cajas de medicinas desde Gran Bretaña hace seis meses, que aún no han llegado a Liberia. Durante los últimos meses, telefoneó y envió correos electrónicos al astillero de Monrovia desde Londres cada dos días, y todo el tiempo le decían que el envío todavía no había llegado. Cuando llegó a Monrovia, iba al muelle a diario para preguntar si su envío había llegado. Siempre le decían: «Vuelva mañana. Seguro que vendrá en el siguiente barco». Pero nunca lo hace. Está empezando a pensar que nunca verá los suministros médicos, y el valor de su breve estancia en Liberia se está viendo muy perjudicado al no tenerlos. Piensa que ahora parece una pérdida de tiempo el haber venido.

Después yo comparto un par de mis contratiempos culturales y hablamos de lo sencillo que es reírse de estas cosas al volver la vista atrás, pero que cuando suceden la frustración y el coste económico que implican es todo menos gracioso. Nuestra conversación en el desayuno es un recordatorio de los muchos desafíos que enfrentamos al liderar interculturalmente. Y, en pocos minutos, yo mismo estoy a punto de descubrir esa realidad de nuevo.

Uno de los objetivos clave de mi viaje a Liberia es decidir si debemos incluir una escuela liberiana, la Escuela Madison (es un pseudónimo), en una asociación a varios niveles que estamos desarrollando por todo el país. Nuestro principal contacto empresarial en Liberia es Moses, un liberiano catalítico que lidera los trabajos de reconstrucción del sistema educativo liberiano después de la guerra. Moses es el mayor de los ochenta y cinco hijos de su padre y el primogénito de su primera esposa. Eso le convierte en el miembro de más importancia de su familia ahora que su padre está muerto. Moses es bajo y fornido, y se comporta como un líder tribal. Sistemáticamente nos ha advertido en contra de trabajar con la Escuela Madison. Está preocupado por la integridad y la ética del presidente de la escuela, el doctor Jones. Aquella mañana, Moses y yo visitamos al doctor Harris, otro líder clave en Monrovia. El doctor Harris ha trabajado mucho con el doctor Jones y la Escuela Madison. Es un hombre alto, de mirada majestuosa, que permanece detrás de su escritorio mientras hablamos, sentado derecho y erguido dentro de un traje azul marino.

Aprovechando mi valía en la comunicación directa, poco después pasamos de largo las presentaciones superficiales y el doctor Harris menciona que él algunas veces da clases en Madison. Eso me sirve de punto de partida. Fíjate en nuestro diálogo:

Dave: ¿Le agrada enseñar en Madison, Dr. Harris? ¿Es una buena escuela?

Dr. Harris: Oh, para mí es una gran satisfacción enseñar allí. Los estudiantes están ansiosos por aprender.

Dave: ¿Y qué hay del doctor Jones? ¿Cómo es él como líder?

Nótese que, aunque intento ser directo, también trato de hacer preguntas abiertas, un acercamiento que suele funcionarme muy bien en casa.

Dr. Harris: Madison es una escuela muy buena. El doctor Jones lleva allí mucho tiempo, desde antes de la guerra.

Ahora puedo ver que mis preguntas abiertas no me llevan muy lejos. Mi tiempo con el doctor Harris es limitado. Necesito su valoración honesta del doctor Jones, así que decido ir por todas.

Dave: Perdóneme si lo que le voy a preguntar le resulta incómodo, Dr. Harris. Pero he escuchado algunas cuestiones acerca del doctor Jones y su liderazgo. No estoy buscando detalles innecesarios. Pero estamos considerando asociarnos con el doctor Jones y la Escuela Madison. Esta asociación supondría una inversión de gran nivel por parte de nuestra universidad. ¿Podría usted darme alguna perspectiva acerca de estas críticas que he escuchado?

Dr. Harris: Sería muy bueno para los estudiantes que ustedes se asociaran con la Escuela Madison. Nuestras escuelas no tienen nada aquí. La guerra lo destruyó todo. Sería realmente bueno. Por favor, vengan.

No voy del todo a ciegas. Puedo ver por dónde va el camino, pero no tengo tiempo para lo que me parece un juego. Vuelvo a insistir.

Dave: Sí, por eso estoy aquí. Pero me pregunto qué puede usted contarme específicamente del doctor Jones. ¿Se sentiría usted bien respaldándolo ante nosotros como un socio significativo?

Dr. Harris: Es realmente impresionante que la escuela sobre-viviera a la guerra. Quiero decir, por supuesto que tuvieron que cerrar durante un tiempo. Los soldados rebeldes se hicieron con toda Monrovia. Pero fue uno de los primeros lugares en reabrir. Tienen a muy buena gente allí.

Dave: ¿Y usted se siente bien acerca del modo en que el doctor Jones lidera allí?

Dr. Harris: El doctor Jones ha hecho muchas cosas buenas. Somos amigos desde hace muchos años. En realidad, fuimos compañeros de clase en la escuela primaria. Sería muy bueno que ustedes ayu-daran a Madison. Puedo presentárselo yo mismo si lo desea.

Cuando salimos de la reunión, me giro rápidamente para ase-gurarle a Moses: «Moses, no quiero que pienses que no confío en la validez de tus inquietudes sobre el doctor Jones. Solo es que era importante para mí recibir su aportación. Pero eso no significa que esté descartando tus reservas».

Por fortuna, Moses ha aprendido cómo hablarle a un norteame-ricano enfocado a los resultados como yo en un modo comprensible. Responde:

¡¿No lo ves, Dave?! ¡¿No lo ves?! Por supuesto que él no te iba a hablar de sus opiniones sobre el doctor Jones. No tendrías que haberle preguntado eso, sobre todo no conmigo aquí. Él nunca hablaría de modo despectivo sobre él con un completo extraño de Estados Unidos frente a otro hermano liberiano. ¡Crecieron juntos! ¿Qué esperabas que te contase?

Yo le contesto: «¡La verdad! Eso quería. No necesita darme los detalles sangrientos. Pero si él está al tanto de la falta de decoro de la que se acusa al doctor Jones, esperaba que al menos me animase a que investigase un poco más allá mis preocupaciones. Si alguien me preguntara acerca de un amigo de la infancia que sé que está desfalcando dinero, ¡le diría la verdad!»

Moses me explica que el doctor Harris tal vez hubiera profundizado en todo esto conmigo un poco si hubiéramos estado solos. Dice: «Pero hubiera resultado vergonzoso, tanto para él como para mí, que el doctor Harris te hubiera hablado mal de su amigo de la infancia delante de mí. Y él da clases allí. Hablar de esto de tal modo le habría avergonzado. Nunca tendrías que haberle preguntado eso. ¡Nunca!»

Yo no estaba totalmente ciego a las dinámicas interculturales e interpersonales implicadas. Pero estaba en un punto muerto para conseguir la clase de información que necesitaba para avanzar. Normalmente, puedo pasar por encima de esta clase de conflictos cuando interactúo con individuos del mismo contexto cultural que yo. Pero las habilidades interpersonales y las estrategias persuasivas que utilizo intuitivamente en casa no tenían efecto sobre estos líderes liberianos. Aquí es donde entra en juego la inteligencia cultural. Nos ayuda de una manera eficaz a adaptar nuestras estrategias de liderazgo cuando trabajamos con individuos de diferentes trasfondos culturales. Más adelante te mostraré cómo la IC me ayudó a avanzar en esta situación.

La relevancia para los líderes

Quizá el mundo no sea tan plano, después de todo, especialmente cuando consideras que Liberia, de entre muchos lugares del mundo, está más cerca de la norma que de la excepción. Las discrepancias son obvias. Y la mayor parte de nosotros nos movemos de un lado a otro en estos inhóspitos contrastes culturales casi con la misma facilidad con la que zapeamos de un canal a otro mientras vemos la televisión. La facilidad con la que nos tropezamos con tantas diferencias culturales en un periodo de veinticuatro horas puede llevarnos a subestimar la profunda sima que diferencia a una cultura de otra... ya sea entre Grand Rapids y Monrovia, Francia y Alemania, o entre Starbucks y Shell. La idea de Friedman de un mundo plano es muy apropiada cuando se aplica a la creciente competencia y oportunidades de las economías emergentes. Pero tenemos que evitar aplicar esa idea de una tierra plana para suponer que podemos hacer negocios como de costumbre allá donde vayamos.

De hecho, el noventa por ciento de los líderes ejecutivos en sesenta y ocho países nombran el liderazgo intercultural como el mayor desafío para la gestión de empresas del próximo siglo.[3] Solía pasar que los viajes por todo el mundo y las interacciones culturales estaban reservadas mayormente para los embajadores gubernamentales y los altos ejecutivos de las grandes multinacionales como IBM y McDonald's. Hoy casi cada líder se ve involucrado en un sinnúmero de interacciones interculturales. Para algunos eso significa pasar del control de pasaportes al fascinante mundo de una cocina y una lengua nuevas. Para otros, los encuentros interculturales son tan cercanos como la bandeja de entrada de su correo electrónico, la persona que está al otro lado del cubículo o la diversidad de estudiantes esparcidos por el campus.

Los líderes de cualquier profesión se ven impulsados a un desafío culturalmente rico y variado. Tanto un sentido intuitivo del liderazgo como la experiencia en el propio campo continúan siendo valiosas ventajas para liderar, pero ya no son suficientes para gestionar la diversidad de oportunidades de hoy en día. Los directores de hospital supervisan a profesionales de la salud que tratan a pacientes de numerosos contextos culturales. Los oficiales militares dan órdenes a muchachos de dieciocho años que si no llevan bien a cabo su tarea aparecerán como incidentes internacionales en la BBC o la CNN. Y los ejecutivos de negocios, tanto los de la lista de compañías de *Fortune 500* como los de las empresas incipientes, se enfrentan a una presión creciente para contratar y liderar talentos para vender y producir productos al otro lado de las fronteras internacionales.

Los profesionales de hoy pueden encontrarse fácilmente con quince contextos culturales diferentes en un solo día. Por cultura me refiero simplemente a cualquier grupo de gente que comparta el modo de ver y de darle sentido al mundo. Se necesita un grado mucho mayor de adaptabilidad para trabajar dentro de todas las culturas que nos encontramos. Además de trabajar en medio de muchas culturas nacionales y étnicas, los profesionales tienen que navegar por varios contextos organizativos. Y quizá aún más importante: los líderes eficaces necesitan una gran conciencia de su propia identidad cultural. ¡Es fácil sentirse agobiado por todo esto! Sin la habilidad para adaptarse a un número creciente de culturas, los líderes y sus organizaciones a menudo se vuelven obsoletos. Pero no tiene por qué ser así. La inteligencia cultural es una habilidad especialmente adecuada para el aluvión de culturas al que se enfrentan los líderes contemporáneos. En vez de esperar a que los individuos dominen todas las normas de las diferentes culturas que se van encontrando, la inteligencia cultural ayuda al líder a desarrollar un repertorio y una perspectiva globales que da como resultado un liderazgo más eficaz.

Los ejecutivos informan de que liderar *sin* inteligencia cultural da como resultado tener que utilizar más tiempo para conseguir realizar el trabajo, tener que emplear un mayor tiempo y coste en los viajes, tener que lidiar con una creciente frustración y confusión, rendir de una manera más pobre en el trabajo, ver cómo los ingresos disminuyen, tener unas relaciones laborales pobres tanto en casa como en el extranjero y perder oportunidades.[4] Por lo tanto, la razón más urgente por la que los líderes necesitan inteligencia cultural es para comprender una base de clientes diversificada, para gestionar equipos variados e internacionales, reclutar y desarrollar talentos interculturales, adaptar su estilo de liderazgo y demostrar un genuino respeto por todas las clases de personas. Es necesario decir algo más acerca de cada una de estas razones antes de desentrañar con más minuciosidad la IC.

¿POR QUÉ LA IC?

Casi el noventa por ciento de los líderes ejecutivos en sesenta y ocho países nombran el liderazgo intercultural como el mayor desafío para la gestión de empresas del próximo siglo.[5] Los líderes más contemporáneos encuentran docenas de culturas diferentes cada día. Es imposible dominar todas las normas y valores de cada una de esas culturas; en vez de eso, los líderes eficaces *requieren* alguna clase de adaptación en materia de enfoque y estrategia. Los ejecutivos nombran estas cuestiones urgentes para identificar por qué es necesaria la IC:

- Comprender clientes diversos.

- Dirigir equipos variados.

- Contratar y desarrollar el talento intercultural.

- Adaptar el estilo de liderazgo.

- Demostrar respeto.

Comprender clientes diversos

Ya pasaron hace tiempo los días en que muchas organizaciones identificaban un solo objetivo comercial. Muchos líderes corporativos y de organizaciones sin ánimo de lucro están sirviendo a clientes cuyos gustos, comportamientos y suposiciones no solo son diferentes sino que a menudo entran en conflicto unos con otros. Poner la imagen de un puré de zanahorias en la etiqueta de un tarrito de comida para bebés puede reducir las ventas en el mercado de Estados Unidos, pero hacerlo en Liberia de repente hace que el mismo producto sea más comercializable.

Se espera que la proporción de ingresos que provengan de los mercados exteriores dé el salto hasta el 30 o el 50 por ciento en los próximos tres a cinco años. Un creciente número de compañías son ahora como Coca-Cola, que vende más en Japón de lo que lo hace en Estados Unidos. En 2003, el 56 por ciento de las franquicias estadounidenses (por ejemplo, Dunkin' Donuts o KFC) estaba en mercados fuera de Estados Unidos.[6] La demanda que proviene de los mercados emergentes es vista como el factor más importante para encarar los negocios globales. El poder consumista de China e India crece a un ritmo enorme. El *Economist's CEO Briefing* informaba de que: «El número de hogares que ganan más de cinco mil dólares anuales se doblará en China en los próximos cinco años y se triplicará en India».[7] Ni siquiera se espera que la reciente crisis económica altere esa tendencia.

Los ejecutivos encuestados admiten que entender a clientes de varios contextos es el mayor de todos los desafíos del liderazgo global. No existe tal cosa como una cultura global uniforme con la que comercializar. Las organizaciones de hoy en día y sus líderes deben ser a la vez locales y globales, o «glocales», a la hora de servir y comprender a sus clientes.

Dirigir equipos variados

La tarea de dirigir una plantilla diversificada y dispersa tanto en casa como internacionalmente es otra de las mayores pruebas del liderazgo. Fomentar la buena comunicación y afianzar la confianza siempre han sido dos temas fundamentales en el liderazgo, pero aprender cómo hacerlo en medio de un personal culturalmente diverso es un desafío completamente nuevo. Las políticas de recursos humanos, las estrategias para motivar y las evaluaciones de desempeño necesitarían adaptarse a los varios grupos culturales representados en los miembros de tu equipo. Además, aprovechar al máximo una plantilla global a menudo significa contratar servicios en India y manufacturar en China. Pero saber cómo medir los costes, los beneficios y las expectativas apropiadas implicadas en esta clase de oportunidades conlleva una gran complejidad.

Además de eso, se espera que un número cada vez mayor de trabajadores en muchas compañías trabajen al otro lado de las fronteras internacionales. Individuos que solían gestionar una línea de productos en una planta ahora se encuentran viviendo en aviones y hablando con equipos y clientes esparcidos por todo el mundo.[8]

Se necesitan líderes que puedan ayudar a los equipos a formar una identidad local al mismo tiempo que siguen manteniendo los valores de la organización en su conjunto. Se necesita inteligencia cultural para conseguir la mezcla exacta entre flexibilidad y rigidez en la gestión de empresas global.

Contratar y desarrollar el talento intercultural

También se necesita inteligencia cultural para afrontar el reto de reclutar, desarrollar y retener el talento intercultural. Los prometedores líderes de las economías emergentes tienen muchas opciones a su disposición y están buscando empresas y ejecutivos que demuestren una inteligencia cultural práctica. Katherine Tsang, directora ejecutiva del Standard Chartered Bank China, respondió a este desafío creando lo que ella llama una superautopista para atraer y retener a los líderes jóvenes y con una mente global. El mantra para su equipo es «¡A los lugares!»: un juego de palabras para trabajar con una red global de afiliados y hacer crecer una cartera de personal en el liderazgo global. Tsang identifica la carrera por conseguir buenos talentos como una de las razones más urgentes por las que su compañía debe ser más astuta culturalmente.[9]

Los ejecutivos reconocen la necesidad de contratar al personal correcto, porque entre el 16 y el 40 por ciento de los gerentes a los que se les encomienda un proyecto en el extranjero como expatriados lo dan por finalizado antes de tiempo. El 99 por ciento de esos finales prematuros son el resultado de cuestiones culturales, no de su habilidad para el trabajo. Se ha calculado el coste de cada misión expatriada fracasada, en cualquier parte, entre 250,000 y 1,250,000 dólares cuando incluyes los gastos asociados a la movilidad, el tiempo de inactividad y un sinnúmero de otros costes directos e indirectos.[10]

La inteligencia cultural se está convirtiendo en una necesidad cada vez más importante incluso para los empleados que nunca toman un proyecto prolongado en el extranjero. Se espera que cada vez más empleados hagan viajes cortos al extranjero para trabajar con colegas y clientes o que trabajen con clientes internacionales desde casa. Las organizaciones que practican la inteligencia cultural son más capaces de reclutar y retener el talento que se necesita para suplir todas esas demandas.[11]

Adaptar el estilo del liderazgo

Cuando se lidera en diferentes culturas, también necesitamos inteligencia cultural para adaptar nuestro estilo de liderazgo. Una vez fui a la oficina regional de mi compañía en Praga para unirme a un encuentro de dos días con todos nuestros directivos de nivel medio de Europa del Este. Cuando terminó, nuestro director regional me preguntó que a quiénes de todo el grupo percibía como los líderes incipientes más prometedores. Sin dudarlo, nombré a tres individuos que me parecía que tenían la palabra «líder» escrita en la frente. Él se rió y dijo: «Supuse que dirías eso. Su carisma e iniciativa serían seguramente una enorme ventaja en Estados Unidos, pero aquí darían muchos problemas». Seguimos hablando y me contó quiénes pensaba él que eran los líderes más prometedores: individuos que apenas habían destacado en mi radar. Dos años después, uno de aquellos a los que él identificó era el nuevo director regional y rendía con excelencia.

Del mismo modo en que las personas poseen diferentes visiones y creencias acerca de sus estilos preferidos de liderazgo, las culturas en su conjunto tienen diversas preferencias para ciertos enfoques de liderazgo. Un estudio en sesenta y dos países, «Liderazgo global y eficacia en el comportamiento empresarial», considera que las culturas nacionales y empresariales influyen en la clase de liderazgo que se considera aceptable y efectivo por la gente de esa cultura. Por ejemplo, un estilo de liderazgo participativo donde los directivos implican a otros en la toma de decisiones era visto como un modo esencial de trabajo entre muchos líderes y organizaciones alemanas. Sin embargo, ese mismo estilo se veía como una debilidad entre muchas firmas y líderes de Arabia Saudí, donde los líderes autoritarios son percibidos como una fortaleza.[12]

Muchas de estas preferencias culturales en el estilo de liderazgo tienen que ver con los valores generales que abraza esa cultura. Esta es una relación que exploraremos con más detenimiento a lo largo del libro. Por ahora, lo interesante es ver la importancia de tener el conocimiento, la motivación y la flexibilidad para representar el estilo apropiado de liderazgo en cada situación.[13]

Demostrar respeto

Tener ventaja sobre los competidores, incrementar los beneficios y la expansión global son cuestiones centrales para saber por qué muchos de nosotros estamos interesados en la inteligencia cultural; sin embargo, la mayoría de nosotros no tendríamos reparo en admitir que también estamos interesados en comportarnos de una manera más respetuosa y humana con las personas que nos encontramos en nuestro trabajo. La inteligencia cultural puede ayudarnos a ser más benevolentes con el modo en que vemos a aquellos que tienen una opinión diferente del mundo. El deseo de tratar a los demás con honor y respeto no significa que automáticamente nuestro comportamiento dé la impresión de ser dignificante y amable. Tenemos que hacer varias adaptaciones para asegurar que la gente experimente de nuestra parte respeto y honor. Esta clase de posturas requieren capacidades como la inteligencia cultural.

Estas cinco razones para la inteligencia cultural (comprender a los clientes, dirigir al personal, contratar talentos, adaptar el estilo de liderazgo y mostrar respeto en la comunicación) son los argumentos más recurrentes identificados por los líderes ejecutivos de todo el mundo. Estas necesidades continuarán aflorando a lo largo del libro según vayamos descubriendo cómo liderar con inteligencia cultural.

Inteligencia cultural frente a otros acercamientos interculturales

Aunque muchos de nosotros no necesitamos convencernos de que el liderazgo es un desafío multicultural, ¿qué perspectiva ofrece de forma única la inteligencia cultural? Abundan teorías, libros y formación sobre diversidad y sobre liderazgo global. Algunos incluyen pruebas de sensibilidad cultural que son bien conocidas y ampliamente usadas. Gran parte de este material informa de cómo hemos conceptualizado, investigado y aplicado la IC al contexto del liderazgo. No obstante, hay unas cuantas diferencias relevantes entre la IC y otros enfoques interculturales. Las distinciones se comentan brevemente aquí, ya que muchas de ellas reaparecerán en la completa descripción de la IC del capítulo dos. Las razones primordiales por las que la IC se diferencia de otros enfoques de liderazgo para la gestión global son:

- *La IC es una metaestructura enraizada en rigurosos estudios académicos.* Una ventaja clave del concepto de la inteligencia cultural es que es una metaestructura basada en investigaciones que sintetiza gran cantidad de material y perspectivas acerca del liderazgo intercultural y la diversidad. El éxito de la IC ha sido comprobado por medio de múltiples muestras, tiempos y culturas.
- *La IC está basada en múltiples estudios sobre inteligencias.* La inteligencia cultural es el único acercamiento al liderazgo intercultural explícitamente arraigado en las teorías contemporáneas sobre inteligencia. El modelo de cuatro dimensiones de la IC se conecta directamente con los cuatro aspectos de la inteligencia (el motivacional, el cognitivo, el metacognitivo y el conductual) que se han aplicado e investigado ampliamente en todo el mundo. La IC es una forma específica de inteligencia que ayuda a los individuos a funcionar con eficacia en situaciones multiculturales.[14]
- *La IC es más que puro conocimiento.* El acercamiento a la inteligencia cultural va más allá de un simple entendimiento con énfasis en lo cultural. También incluye los intereses *personales* del líder, el pensamiento estratégico y su comportamiento resultante en situaciones interculturales. Comprender las diferencias sociológicas en las creencias, valores y comportamientos culturales es esencial, pero es incompleto si no se exploran también las dinámicas psicológicas implicadas en la interacción de las personas.

- *La IC enfatiza las capacidades aprendidas más que los rasgos de personalidad*. Aunque es útil entender cómo nuestra personalidad predispuesta nos influye en el comportamiento intercultural (por ejemplo, extrovertidos frente a introvertidos), puede ser paralizante, porque la personalidad es difícil de cambiar. El énfasis de la IC, sin embargo, está en lo que cada líder puede hacer para *mejorar* la inteligencia cultural por medio de la educación, la formación y la experiencia. La IC no está fijada; más bien, puede ser desarrollada y crecer.

- *La IC no es culturalmente específica*. Finalmente, la inteligencia cultural no se delimita a una cultura en particular. El énfasis no está en dominar toda la información específica y los comportamientos necesarios para las culturas individuales. En vez de eso, la IC se centra en desarrollar un repertorio global de entendimiento, habilidades y comportamientos para que el aluvión de culturas con el que nos encontramos cada día tenga sentido.[15]

Se insistirá en la relevancia de estas distinciones acerca de la IC en el capítulo dos al describir más minuciosamente el modelo de inteligencia cultural. Este tipo de inteligencia ofrece a los líderes un grupo de herramientas prácticas y realistas para satisfacer las demandas del liderazgo en el mundo acelerado de hoy.

Conclusión

Para y mira a tu alrededor. ¿De qué manera la cultura modela lo que hay? ¿Cómo da forma a lo que ves? Lo está haciendo. Te lo garantizo. Y es importantísimo el grado en el cual tú lo veas y te adaptes a ello.

Estoy sentado en un aeropuerto ahora mismo. Por un instante, me olvido de dónde estoy. Hay un The Body Shop justo delante de mí, un Disney Store a mi izquierda, un Starbucks a mi derecha y una enorme tienda *duty-free* a la vuelta de la esquina. El chico sentado a mi lado está tecleando frenéticamente en un portátil de

Dell. Es fácil ver los familiares tótems de los aeropuertos en Sídney, Sao Paulo, Londres, Hong Kong, Orlando y Johannesburgo y creer que el mundo es plano en todos los sentidos. En cierto modo, lo es. Puedes pedirte un *latte* grande, con triple *shot*, leche desnatada, vainilla y sin espuma de Starbucks en más de veinticinco países del mundo. Sin sinfín de competidores ofrecen sus propias versiones de la misma bebida en muchos otros lugares. Pero hay que tener cuidado con pensar que las mismas herramientas de negociación, sentido del humor y técnicas para motivar se pueden usar indiscriminadamente con cualquier persona y en cualquier sitio.

Liderar en el mundo del siglo veintiuno significa maniobrar con los giros y las vueltas de un mundo multidimensional. El paisaje perpetuamente cambiante del liderazgo global puede desorientar; la experiencia y la intuición por sí solas no son suficientes. Pero la inteligencia cultural ofrece un camino por este laberinto que no solamente es eficaz, sino también vigorizante y satisfactorio. Únete a una comunidad de líderes de todo el mundo que están adquiriendo inteligencia cultural para aprovechar al máximo las oportunidades y los resultados de liderar en un mundo que se globaliza con rapidez.

CAPÍTULO 2

NECESITAS UN MAPA PARA EL VIAJE:
VISIÓN DE CONJUNTO DE LA IC

Si dos líderes norteamericanos tuvieran una formación idéntica para una misión en Brasil, aun así tendrían dos experiencias muy diferentes porque son dos personas muy diferentes. Todos lo somos.

De entre todas las formas en que la inteligencia cultural difiere de otros enfoques del liderazgo intercultural, el hecho de que la IC sea una *capacidad individual* es la diferencia más significativa. Todos tenemos un coeficiente de inteligencia cultural (IC) distinto. La formación y las estrategias uniformes no significan un rendimiento uniforme.

Dos semanas antes de ir a Monrovia, hablaba acerca de la globalización con un grupo de líderes que se habían reunido en una gran universidad de Estados Unidos. Mientras estaba allí, pasé varias horas una tarde entrevistando a un grupo de estudiantes de empresariales que habían regresado hacía poco de un viaje de estudios de diez días por India. Antes de nuestro encuentro de la tarde, empecé a hablar con uno de los profesores que había participado en aquel viaje. Tenía cincuenta y dos años y llevaba diecisiete en la universidad siendo profesor de empresariales con plaza fija. Imagínate el estereotipo de profesor: pelo rizado, chaqueta de *tweed* y aroma a pipa. Empezó a contarme sus observaciones acerca de los líderes empresariales indios con los que se había encontrado. Dijo: «¡Son todos un puñado de malditos racistas chovinistas! Hasta el último de ellos. ¡De verdad! ¡Muéstreme a un líder empresarial indio que no lo sea!»

Unos minutos después hablaba con algunos de los estudiantes acerca de sus observaciones del viaje a India. Drew, un alumno de segundo curso, de diecinueve años, rubio y con los ojos azules, fue el primero en hablar. Parecía como si acabara de venir de jugar al golf con unos amigos. Él tenía esto que decir acerca de la compañía con la que había pasado la mayor parte del tiempo en Bangalore: «Realmente tengo que reconsiderar mis puntos de vista acerca de si un *equipo* de líderes es el único modo eficaz de hacer funcionar una compañía. La gente de allí parece prosperar a pesar de toda la formalidad, los títulos y el enfoque de arriba hacia abajo».

Desde luego, me sentía mucho más animado por el interés de Drew en repensar sus propias suposiciones sobre los estilos de liderazgo de lo que estaba con las afirmaciones dogmáticas que había realizado el profesor. ¿Es justo decir que todos los líderes de una población de más de mil millones de personas son chovinistas y racistas? Podríamos haber esperado que el prejuicio relacionado con las afirmaciones previas fuera al revés. ¡Estoy seguro de que los profesores veteranos tienen más sensibilidad intercultural que los universitarios de diecinueve años! Estas afirmaciones presentan una complicada pregunta acerca de la edad: ¿por qué algunos líderes adaptan con facilidad y eficacia sus opiniones y comportamientos acerca de la interculturalidad y otros no? ¿Qué clase de líder eres tú?

La educación y la experiencia internacional juegan un importante papel a la hora de desarrollar nuestro nivel de inteligencia cultural, pero no garantizan el éxito.[1] Me he encontrado con líderes empresariales y oficiales del gobierno que han vivido durante décadas en el extranjero y aun así demuestran poca habilidad para ver más allá de sus anteojeras culturales. Y me he encontrado con otros líderes que viven en el extranjero, a veces con una experiencia internacional mínima, que son extremadamente hábiles a la hora de entrar y salir de varios contextos y situaciones culturales y seguir siendo auténticos con respecto a quiénes son. ¿Qué marca la diferencia? ¿Qué habilidades y herramientas rinden buenos resultados en el liderazgo intercultural efectivo? Responder a estas preguntas está en el núcleo del acercamiento a la inteligencia cultural.

¿QUÉ ES LA IC?

La inteligencia cultural (IC) es la capacidad para funcionar con eficacia en cualquier cultura nacional, étnica y organizativa.[2] Es:

- Un modelo de cuatro dimensiones

- Un ciclo de cuatro pasos

- Diferente de la inteligencia emocional

- Un repertorio de herramientas

- Un enfoque de dentro hacia fuera

El resto de este capítulo proporciona una descripción más completa de la inteligencia cultural, que se basa en las distinciones a las que se hace referencia al final del capítulo uno (incluyendo el hecho de que la IC está fundamentada en investigaciones, es más que puro conocimiento, enfatiza las capacidades del aprendiz y no está delimitada a una cultura específica).

Un modelo en cuatro dimensiones

La inteligencia cultural es una estructura de cuatro dimensiones cimentada en los muchos años de investigación sobre la inteligencia y la interacción interculturales. Estas cuatro dimensiones son esenciales para obtener los beneficios de la IC: la determinación, el conocimiento, la estrategia y la acción de la IC, que a menudo están reseñadas en las investigaciones como IC motivacional, IC cognitiva, IC metacognitiva e IC conductual (véase la Figura 2-1). Las investigadoras Linn Van Dyne y Soon Ang también han sugerido algunas subdimensiones para cada una de ellas, como se señala en la Figura 2-1.[3]

Figura 2-1. El modelo de cuatro dimensiones de la inteligencia cultural

Inteligencia cultural			
DETERMINACIÓN [IC motivacional]	**CONOCIMIENTO** [IC cognitiva]	**ESTRATEGIA** [IC metacognitiva]	**ACCIÓN** [IC conductual]
Intrínseca	Sistemas culturales	Conciencia	Verbal
Extrínseca	Normas y valores culturales	Planificación	No verbal
Autoeficacia		Comprobación	Actos de habla

La determinación de la IC: Mostrar interés, confianza y motivación para adaptarse a la interculturalidad

La determinación de la IC, la dimensión motivacional de la IC, es el nivel de interés, determinación y energía del líder para adaptarse interculturalmente. ¿Tienes la confianza y la motivación necesarias para ocuparte de los desafíos y los conflictos que inevitablemente acompañan al trabajo intercultural? La habilidad para comprometerte personalmente y perseverar durante los desafíos interculturales es uno de los aspectos más revolucionarios e importantes de la inteligencia cultural. No podemos sencillamente *asumir* que la gente está interesada y motivada para ajustarse a las diferencias culturales. A menudo los empleados se acercan a la formación en diversidad apáticos y solo porque se les exige. El personal encomendado a misiones internacionales a menudo está más preocupado de la mudanza y de cómo adaptar a su familia al extranjero que de desarrollar el entendimiento cultural. Sin una amplia motivación, hay pocas razones para gastar tiempo y dinero en formación intercultural.

La determinación de la IC incluye tres subdimensiones: *motivación intrínseca* (el grado al cual derivas el disfrute de las diversas situaciones culturales); *motivación extrínseca* (los beneficios tangibles que obtienes de las diversas experiencias culturales); y la *autoeficacia* (la confianza en que serás eficaz en un encuentro intercultural).[4] Estas tres dinámicas motivacionales juegan su papel en el modo en que los líderes enfocan las situaciones interculturales.[5]

El conocimiento de la IC: Entender las cuestiones interculturales y sus diferencias

El conocimiento de la IC, la dimensión cognitiva del estudio de la IC, se refiere al conocimiento del líder acerca de la cultura y su papel en dar forma a cómo se hacen los negocios. ¿Entiendes el modo en que la cultura da forma al pensamiento y al comportamiento? Eso también incluye tu conocimiento global de cómo las culturas varían unas de otras. El conocimiento de la IC incluye dos subdimensiones: *los sistemas culturales* y *las normas y valores culturales*.[6] Los sistemas culturales son las maneras en que las sociedades se organizan para suplir las necesidades básicas de sus miembros. Por ejemplo, cada nación tiene sistemas culturales para el modo en que sus miembros distribuyen productos o servicios o el modo en que se emparejan y crían a sus hijos. Comprender cómo funciona un sistema familiar podría parecer innecesario, pero se vuelve crucialmente relevante cuando intentas desarrollar políticas de recursos humanos para empleados de los que se espera que cuiden a los miembros mayores de su familia extendida. La otra subdimensión del conocimiento de la IC, las normas y valores culturales, se refiere a los diversos modos en que las culturas enfocan asuntos tales como el tiempo, la autoridad y las relaciones. El valor que una cultura le adjudica al tiempo y a las relaciones es sumamente pertinente cuando un estadounidense está tratando de conseguir un contrato firmado con un afiliado en potencia en China o en Arabia Saudí, donde normas diferentes determinan las expectativas del líder.

El conocimiento de la IC es la dimensión que más se suele enfatizar en muchos enfoques de la competencia intercultural. Por ejemplo, una gran empresa en crecimiento de formación y consultoría se centra en enseñar a los líderes este tipo de conocimiento cultural. Aunque valioso, la comprensión que proviene del conocimiento de la IC debe ser combinado con las otras tres dimensiones, o su relevancia para las demandas reales del liderazgo será cuestionable y potencialmente perjudicial.

La estrategia de la IC: Crear estrategias y hacer que las diferentes experiencias culturales tengan sentido

La estrategia de la IC, también conocida como IC metacognitiva, es la habilidad del líder para trazar maniobras cuando cruza culturas. ¿Podemos disminuir las revoluciones por minuto lo suficiente para observar con atención qué ocurre dentro de nuestras mentes y de las de otros? Es la habilidad para recurrir a nuestro entendimiento cultural para resolver problemas culturalmente complejos. La estrategia de la IC ayuda a que un líder use el conocimiento cultural para planear una estrategia apropiada, interpretar con exactitud lo que está ocurriendo y comprobar si las expectativas son certeras o si necesitan una revisión.

Las tres subdimensiones de la estrategia de la IC son *la conciencia, la planificación* y *la comprobación*.[7] Conciencia significa estar al corriente de lo que ocurre en nosotros mismos y en los demás. Planificación es tomarse tiempo para prepararse para un encuentro intercultural, anticipando cómo acercarse a la gente, al tema y a la situación. Comprobación es controlar nuestras interacciones para ver si nuestros planes y expectativas han sido apropiados. También es comparar lo que esperábamos con nuestra experiencia real. La estrategia de la IC enfatiza la estrategia y es el eje entre entender los asuntos culturales y ser realmente capaces de usar nuestro entendimiento para ser más eficaces.

La acción de la IC: Cambiar las *acciones* verbales y no verbales adecuadamente cuando se interactúa con la interculturalidad

La acción de la IC, la dimensión conductual de la IC, es la habilidad del líder para *actuar* adecuadamente en una gama de situaciones interculturales. ¿Podemos llevar a cabo con eficacia nuestros objetivos de rendimiento en diferentes situaciones culturales? Uno de los aspectos más importantes de la acción de la IC es conocer cuándo adaptarse a otra cultura y cuando *no* hacerlo. Una persona con alto coeficiente cultural aprende qué acciones le harán mejorar la eficacia y los actos de ese entendimiento y cuáles no. Así pues, la acción de la IC implica acciones flexibles adaptadas a contextos culturales específicos.

Las subdimensiones de la acción de la IC son *acciones verbales, no verbales* y *actos de habla* (las palabras y frases exactas que utilizamos cuando comunicamos tipos específicos de mensajes).[8] Estas son las tres clases de conductas donde hay mayor necesidad de adaptarse a las normas culturales. Aunque las demandas de los escenarios interculturales de hoy en día hacen imposible dominar todo lo que se debe hacer y lo que no en varias culturas, hay ciertos comportamientos que deberíamos modificar cuando interactuemos con ellas. Por ejemplo, los occidentales necesitan aprender la importancia de estudiar con detenimiento las tarjetas de presentación de aquellos que provienen de la gran mayoría de contextos asiáticos. También, algunas conductas básicas verbales y no verbales mejoran el grado en que somos vistos como gente eficaz por los demás. Por poner un ejemplo, el tono verbal (que sea alto en vez de suave) en el que se habla puede transmitir diferentes significados según en qué culturas. Casi todos los acercamientos al trabajo intercultural han insistido en la importancia de la flexibilidad. Con la acción de la IC ahora tenemos un modo de explorar cómo mejorar nuestra flexibilidad.

Los capítulos del tres al siete explorarán con minuciosidad cada una de estas dimensiones. Se ofrecerán estudios, ejemplos y buenas prácticas para avanzar hacia la obtención de las capacidades representadas por estas cuatro dimensiones.

La Escala de Inteligencia Cultural (CQS) mide la competencia en cada una de estas cuatro dimensiones.[9] Por medio de una serie de preguntas recibes cuatro puntuaciones, una por cada dimensión de la inteligencia cultural. Al hacer el promedio de esas cuatro puntuaciones, puedes calcular tu IC global. Hay dos cálculos disponibles, cada uno de los cuales tiene relevancia para mejorar la eficacia del liderazgo. Uno es una autoevaluación y el otro es un informe de evaluación por un compañero. La autoevaluación proporciona un perfil de cómo te ves a ti mismo en las cuatro dimensiones de la inteligencia cultural. El informe del compañero te pide que identifiques entre tres y cinco colegas que puedan contestar a algunas preguntas en tu nombre. A cambio, recibes un retrato robot de cómo tus compañeros te ven en las cuatro dimensiones de la inteligencia cultural. Estos dos tipos de informes son más valiosos cuando se usan juntos, de tal modo que puedas comparar tu autoevaluación con la perspectiva de los demás acerca de tu inteligencia cultural.[10] Visita la página web http://www.cq-portal.com para obtener más información.

Figura 2-2. El ciclo de cuatro pasos de la inteligencia cultural

Hay una gran variedad de maneras de aplicar las cuatro dimensiones de la inteligencia cultural al liderazgo. Pueden usarse como cuatro áreas para evaluar a los individuos que estés considerando para un proyecto intercultural. También pueden servir como cuatro categorías para la formación en diversidad o para un plan de desarrollo personal para el líder. Y también pueden utilizarse como un ciclo de cuatro pasos para desarrollar la inteligencia cultural tanto a gran escala como en las situaciones particulares. Este ciclo, como se representa en la Figura 2-2, es la aplicación primordial que se utiliza en este libro. Aunque las cuatro dimensiones de la inteligencia cultural no siempre se desarrollan en un orden específico, Linn Van Dyne y Soon Ang sugieren que puede ser de ayuda pensar en las cuatro dimensiones de la IC como en cuatro pasos para incrementarla.[11] Sería algo así:

- Paso 1: la determinación de la IC (dimensión motivacional) nos da la energía y la confianza en nosotros mismos para aplicar el entendimiento y la planificación necesarios para un proyecto intercultural en particular.
- Paso 2: el conocimiento de la IC (dimensión cognitiva) nos provee de la comprensión de las cuestiones culturales básicas relevantes para este proyecto.
- Paso 3: la estrategia de la IC (dimensión metacognitiva) nos permite hacer uso de nuestro entendimiento cultural de tal modo que podamos planear e interpretar qué ocurre en esta situación.
- Paso 4: la acción de la IC (dimensión conductual) nos proporciona la habilidad de trabajar en un liderazgo eficaz y flexible para esta tarea.

Cuando la gente responde a nuestro comportamiento intercultural (paso 4), tanto positiva como negativamente, el ciclo completa el recorrido hasta regresar a la determinación de la IC (paso 1). El comentario crítico de los demás ofrece una fuente de inspiración para continuar nuestro desarrollo. Según el ciclo se va repitiendo, nuestra inteligencia cultural global va teniendo la capacidad de seguir desarrollándose y creciendo. La inteligencia cultural no es una habilidad estática. Se transforma y se desarrolla con nuestro trabajo diario.

El ciclo de cuatro pasos ofrece un prometedor modo de pasar la IC de la teoría a la práctica. Podemos llevar a cabo constantemente los cuatro pasos en un nivel superior al pensar en cómo es nuestro liderazgo global en una diversidad de situaciones. Y podemos trabajar sobre este bucle incluso improvisadamente, mientras entablamos conversaciones o negociaciones interculturales. No tienes por qué ser un profesional a la hora de saber trabajar con un socio chino en un nuevo proyecto. Pero haz pasar el proyecto por estos cuatro pasos como un modo de empezar.

1. ¿Qué vas a hacer para motivarte?
2. ¿Qué necesitas saber?
3. ¿Cuál es tu plan?
4. ¿Qué conductas debes adaptar?

Nadie llega nunca al final de este viaje de la inteligencia cultural. Seguimos trabajando estos pasos en una gran variedad de escenarios y contextos. Mejoramos continuamente al hacerlo. Eso es lo que estamos buscando: aumentar la eficacia de nuestro trabajo en el contexto global. Utilizaremos esta progresión de cuatro pasos cuando hablemos de las cuatro dimensiones de la inteligencia cultural en los capítulos del tres al siete.

La IC es diferente de la IE

La IC es una forma más de inteligencia. Todos sabemos lo que es el coeficiente intelectual: una medida de nuestras capacidades intelectuales. En los últimos años, también hemos comprendido la importancia del coeficiente emocional, o inteligencia emocional: la habilidad de cada uno para conducirse con eficacia social y emocionalmente. El conocimiento técnico no es suficiente. Los líderes necesitan ser capaces de trabajar con personas. La inteligencia emocional ayuda a calcular el grado en el cual somos capaces de percibir, evaluar y administrar nuestras propias emociones y las de los demás.[12] Los estudios muestran que los líderes con una fuerte inteligencia emocional son más eficaces, pero no es un indicador fiable de si esa eficacia se puede sostener más allá del contexto cultural de cada uno. La inteligencia cultural recoge el testigo donde la inteligencia emocional lo deja. Nos ayuda a aprender cómo trabajar con eficacia con gente que proviene de diferentes orientaciones culturales. Ayuda a asegurar la eficacia del liderazgo más allá de las fronteras culturales.[13]

Shelly es otra de las universitarias que fueron a Bangalore, en India, en el viaje de estudios de diez días. El día que nos conocimos Shelly llevaba tacones, un traje negro y el cabello recogido. Ella ofrecía una afirmación cálida y no verbal cuando sus compañeros hablaban. Solo se necesitaban unos pocos minutos de interacción con Shelly para ver que probablemente puntuaría muy alto en un informe de IE. Era muy buena conversadora y varias veces, durante la reunión de grupo, no solo respondía a mis preguntas sino que además encontraba el modo de atraer a aquellos estudiantes que previamente se habían sentado desconectados de los demás. Aun así, irónicamente, cuando le pregunté a Shelly: «Entonces, ¿cuál fue el mayor desafío al que te enfrentaste en Bangalore?», ella contestó: «Pues conseguir que la gente hablara conmigo. Era totalmente incómodo. Intenté todo lo que se me ocurrió y la mayoría de mis conversaciones no llegaron a ningún lugar. Aunque ellos hablaban un buen inglés, nunca pareció que mantuviéramos conversaciones reales».

Los individuos que tienen una gran habilidad para empatizar y relacionarse con gente en sus propias culturas pueden encontrar que esas mismas capacidades empáticas y sociales no les llevan a ninguna parte cuando interactúan con alguien de un trasfondo cultural diferente. Puede llegar a ser muy frustrante para alguien como Shelly, que normalmente siente la interacción social como algo natural. Por el contrario, a algunos individuos con capacidades sociales limitadas en casa les puede ir muy bien en otra cultura. Así que los libros y la formación sobre inteligencia emocional suponen cierto nivel de familiaridad con la cultura de aquellos con los que interactuamos y a los que lideramos. Por esto se necesitan las capacidades adicionales que representa la inteligencia cultural.

Sea cual sea tu coeficiente cultural, no está fijado. Tu inteligencia cultural puede mejorar continuamente a través de la educación, las interacciones y la experiencia. Una gran variedad de experiencias y métodos pueden dar como resultado un aumento del coeficiente cultural. Por supuesto, lo contrario también es cierto. Uno se puede volver menos inteligente culturalmente, aunque no es tan probable. Según vayamos indagando en el ciclo de cuatro pasos de la IC en los siguientes capítulos, se irán incluyendo estrategias basadas en las investigaciones para crecer en cada dimensión de la inteligencia cultural.

La pregunta inevitable se plantea sobre si la inteligencia cultural es una cuestión de nacimiento o si se aprende. ¿Están algunos genéticamente predispuestos para ser culturalmente más inteligentes? La respuesta es que posiblemente sí. Del mismo modo que algunos de nosotros nos sentimos orientados de forma natural a ser mejores corredores, ingenieros o músicos, así también quizá estemos predispuestos genéticamente hacia un comportamiento intercultural más flexible. Por ejemplo, los estudios indican que ser extrovertido está relacionado con algunas de las dimensiones de la inteligencia cultural. También hay una correlación positiva entre ser naturalmente concienzudo y tener una alta estrategia de la IC; y el rasgo de personalidad conocido como «mente abierta», una curiosidad general hacia las circunstancias y el mundo, está relacionado con las cuatro dimensiones de la inteligencia cultural.[14] Así que hay algunas correlaciones interesantes entre nuestra personalidad y la inteligencia cultural. Sin embargo, el énfasis está en que *a través del aprendizaje y las intervenciones, todo el mundo puede ser culturalmente más inteligente.* Y solamente porque alguien tenga el talento natural para flexionar su comportamiento en situaciones interculturales no es garantía de que esa persona sea un líder culturalmente inteligente. Tener una genética natural para correr no significa que puedas ser un corredor de maratones sin entrenamiento, y lo mismo es cierto en este caso. Lleva esfuerzo y trabajo, pero cualquiera puede desarrollar y alimentar la inteligencia cultural.

Repertorio de herramientas

Digamos que el equipo de España llegará en dos horas, así que tenemos poco tiempo para investigar la cultura española ahora mismo. ¿Qué deberías hacer? Nuestras ocupadas vidas simplemente no nos permiten convertirnos en expertos en todas las culturas con las que trabajamos. La inteligencia cultural ofrece un acercamiento más prometedor y realista. Según el estudio sobre directivos globales realizado por los investigadores Maddy Janssens y Tineke Cappellen, se necesita un enfoque más amplio desde la base para orientar a los profesionales. Su estudio valida la *importancia preferente de la inteligencia cultural en el desarrollo de un repertorio global de herramientas y conductas* a las que puedes acudir cuando entables cualquier interacción intercultural en vez de esperar que domines todos los pormenores de cada cultura.[15]

Fue este acercamiento más amplio que adopta la inteligencia cultural lo que inicialmente me empujó a la investigación y el modelo. Gran parte de mi propio trabajo ha requerido montones de viajes episódicos y de corto plazo. Estaba convencido de que la cultura era una fuerza motriz en el modo en que hacemos nuestro trabajo, pero me sentía paralizado por la idea irreal de tener que convertirme en un experto cultural para toda persona y lugar con los que me encontrase.

Ahora hay lugar para una comprensión más específica e intensa de ciertas culturas. Cuando se hizo evidente que iba a ser el responsable de liderar nuestro trabajo en Liberia, supe que necesitaba aumentar mis conocimientos acerca del trasfondo histórico y cultural del país. Hubiera sido un descuido de mi parte que solamente contara con un conocimiento general de las culturas para hacer mi trabajo con eficacia. Pero tampoco partía de cero. A pesar de que nunca había estado en Liberia ni había pasado tiempo estudiando su cultura, una creciente cantidad de inteligencia cultural me ayudó a saber qué clase de información investigar y qué clase de preguntas hacer. Ya he demostrado que mis experiencias previas y mi conocimiento no me salvó de cometer errores. Y tengo multitud de errores como esos para compartir. Pero, por fortuna, nuestros errores pueden ser uno de los mejores modos de hacer crecer nuestra inteligencia cultural. De hecho, parte de ser más inteligente culturalmente es abrazar la idea de que el conflicto intercultural es inevitable y que proporciona una oportunidad para el desarrollo personal y profesional.

Tú también tendrás que aumentar el conocimiento específico de ciertas culturas empresariales, generacionales y socio-étnicas. Pero el énfasis primordial del enfoque de la inteligencia cultural es desarrollar un conjunto de herramientas que puedan ser aplicadas a toda clase de situaciones culturales. Aunque un poco de lectura y de formación iniciales puede hacer germinar tu crecimiento en inteligencia cultural, continuamos añadiendo cosas a nuestro repertorio para el liderazgo culturalmente inteligente durante toda nuestra carrera. El modelo de cuatro pasos se aplica de igual modo tanto a los viajeros novatos como a los veteranos ejecutivos multinacionales.

Un acercamiento desde dentro

No hay muchas esperanzas de convertir nuestra conducta intercultural en algo continuo a menos que realmente cambiemos el modo en que vemos a nuestros conciudadanos del mundo. Tenemos que ir más allá de los enfoques que hablan de la modificación del comportamiento mediante los cuales *pretendemos* ser respetuosos y avanzar para convertirnos en líderes que *respeten genuinamente* y valoren a la gente de diferentes trasfondos culturales. Este parece ser el factor más importante para determinar si un líder ciertamente se comporta con inteligencia cultural. Ningún programa sobre comprensión de la diversidad y ninguna simulación intercultural creativa tienen sentido si no cambiamos realmente el modo en que vemos a las personas desde dentro.

La educación es, con mucho, el antídoto más familiar utilizado por las organizaciones que quieren tratar con los desafíos de la diversidad cultural. Cuando enfrentamos las cuestiones que afloran como resultado de las diferencias culturales, por defecto lo que hacemos es poner a todo el mundo junto y enseñarles acerca de cosas como el acoso sexual o los tabús culturales. Como parte implicada en el campo de la educación, no voy a menospreciar el valor de una buena enseñanza y un buen aprendizaje que conduzca a un trabajo intercultural más eficaz. Pero algunos de nuestros descubrimientos acerca de lo que ocurre como resultado de darle un énfasis excesivo a la educación en este ruedo en particular son poco alentadores.[16]

Una de las quejas que escucho a menudo de los empleados cuando evalúan la formación en diversidad es que todo esto marca pocas diferencias en lo que verdaderamente ocurre en el lugar de trabajo. Por supuesto, es útil recordarle a los hombres que no deben referirse a sus compañeras femeninas como «las chicas» y es instructivo ver cómo un colega chino puede ser más reticente a ofrecer una crítica negativa sobre sus jefes que uno de Australia. Pero si un tipo no ve a sus colegas femeninas como dignas de respeto o un líder australiano sigue pensando que su socio chino necesita «aprender a decir lo que piensa», ¿qué se ha conseguido? No me malinterpretes. Hacer que la gente utilice un lenguaje respetuoso es un buen comienzo. Pero se necesita algo más.

Un estudio analizó una compañía que había desarrollado un programa completo de formación en diversidad para ayudar a paliar la pésima moral que atravesaba la organización entera. Miles de dólares más tarde, y después de montones de talleres de formación sobre diversidad, poco había cambiado. Solamente a través de un análisis más profundo salió a la luz que el director ejecutivo de la organización, un antiguo marine de Estados Unidos, era extremadamente prejuicioso con respecto a los empleados con sobrepeso. Él veía a los empleados obesos como una evidencia de un trabajador indisciplinado y perezoso. Tanto él como sus compañeros habían pasado por incontables horas de intervenciones y formación para aumentar su respeto hacia las mujeres y las personas de color. Pero el tema central no había sido tratado.[17] El enfoque de la inteligencia cultural con un énfasis en los atributos *personales* del liderazgo quizá hubiera revelado aquel problema más pronto.

Volverse culturalmente inteligente no implica darle la espalda a nuestros propios trasfondos y preferencias culturales. En cambio, sí significa que tenemos que hacer algo más que simplemente cambiar el modo de hablarles a nuestros colegas que son diferentes que nosotros, ya sea una diferencia de tamaño, género, color o de cualquier otro tipo. Y tenemos que ir más allá de, simplemente, planear una formación sobre diversidad una vez al año. Lo que necesita ser transformado es el modo completo en que vemos al prójimo. Se ofrecerán más guías acerca de lo que significa esto a lo largo del resto del libro. La inteligencia cultural es más un modelo transformador de la conducta y el liderazgo intercultural que un modelo construido primordialmente sobre estrategias de modificación del comportamiento.

Conclusión

Algunos individuos tienen un alto coeficiente cultural y otros no, pero prácticamente todo el mundo puede aumentarlo trabajando en el ciclo de cuatro pasos. La inteligencia cultural se adapta perfectamente al aluvión de situaciones culturales a las que se enfrentan los líderes de hoy. Eso incluye una colección de competencias necesarias en cada campo. Sin ellas, los líderes se arriesgan a hacer caer sus carreras y sus organizaciones en la obsolescencia. Pero los líderes que se comprometen a mejorar el modo en que piensan, planean y actúan en las situaciones interculturales tienen una ventaja inusual para navegar por el fascinante terreno de nuestro mundo curvilíneo y multidimensional.

La inteligencia cultural es una capacidad aprendida que se añade al resto de inteligencias necesarias para el líder actual. Del mismo modo que los líderes pueden aumentar su competencia social, emocional y técnica, pueden hacer crecer su habilidad para liderar con eficacia en diversas culturas étnicas y organizativas. Según los líderes avancen en el ciclo de cuatro pasos (la determinación, el conocimiento, la estrategia y la acción de la IC), consiguen un repertorio de perspectivas, herramientas y conductas para utilizarlas según vayan caminando por el acelerado mundo de la globalización. La auténtica inteligencia cultural surge del interior y transforma el modo en que lideramos tanto en casa como en todas partes del globo. El ciclo de cuatro pasos nos hace avanzar hacia delante.

Segunda parte

¿Cómo me convierto en alguien más inteligente culturalmente?

CAPÍTULO 3

ESTIMULA TU APETITO: LA DETERMINACIÓN DE LA IC (PRIMER PASO)

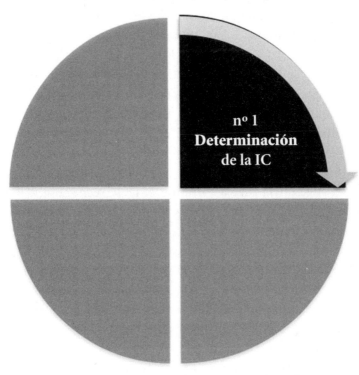

n° 1
**Determinación
de la IC**

PRIMER PASO: DETERMINACIÓN DE LA IC: ¿Cuál es mi motivación? *Mostrar interés, confianza y determinación para adaptarse a la interculturalidad*	
Perfil de un líder con determinación de la IC:	Los líderes con una alta determinación de la IC se sienten motivados a aprender y adaptarse a las nuevas y diversas circunstancias culturales. Su confianza en sus habilidades adaptativas sirve en gran medida para influir en el modo en que actúan en las situaciones multiculturales.

Lo confieso. Me siento totalmente activo en los encuentros interculturales. Ponme en una habitación llena de gente y los internacionales tirarán de mí como un imán. Pregúntame dónde quiero comer y elegiré algo étnicamente exótico. Resérvame una plaza en un vuelo internacional y mi adrenalina se disparará. Adoro patear las calles de un nuevo lugar, saborear la comida autóctona, rondar los vecindarios y comprar en los mercados locales. Mi trabajo internacional se ha beneficiado de mi insaciable pasión por viajar. Sin embargo, algunas veces me ha metido en problemas. No todos mis compañeros y equipos han compartido mi entusiasmo por los asuntos interculturales. Estaba en una conferencia en Bangkok con un grupo de colegas y les dije que conocía un pequeño gran lugar donde podíamos conseguir un poco de comida tribal autóctona. Mi sugerencia fue casi unánimemente rechazada y, para mi disgusto, terminamos en un Tony Roma's comiendo bistec y costillas. En otra ocasión le conté con entusiasmo a una pareja de mis compañeros de viaje que nuestro socio en México había decidido trasladar la siguiente reunión a un pueblo de la periferia en vez de hacerla en México D.F. «Bromeas», respondió uno de ellos, y el otro dijo: «¿Por qué malgastar todo ese tiempo yendo hasta allí cuando sencillamente podemos reunirnos en el cómodo hotel donde siempre nos hospedamos?»

Estoy aprendiendo a asumir que no todos se emocionarán tanto como yo cuando se trate de aventurarse en un nuevo lugar. Tenemos diferentes niveles de motivación y determinación para trabajar con las culturas, y está bien. Algunos de nosotros amamos viajar y experimentar los lugares y las personas. Otros prefieren no salir nunca de su casa; sin embargo, hoy en día ningún líder puede escaparse de trabajar en un contexto global. Incluso sin una pasión innata por lo diferente, hay algunos métodos sencillos para hacer crecer nuestra motivación por el trabajo intercultural. La determinación de la IC (la dimensión motivacional) es uno de los rasgos más importantes del modelo de la inteligencia cultural. Muchas organizaciones se lanzan a ofrecer formación acerca de las diferencias interculturales sin evaluar primero si los empleados se sienten motivados a ser más eficaces interculturalmente. Esa es una de las razones por las cuales los programas de formación en diversidad fracasan a menudo. Si los empleados no están motivados para cambiar el modo en que se relacionan con los diferentes grupos, la formación puede llegar a ser una pérdida de tiempo. Hay una relación directa entre el nivel de motivación de un individuo para adaptarse a la interculturalidad y su consiguiente actuación.

Algunas veces nuestra reticencia brota de algún lugar de nuestra experiencia anterior. Tomemos a Wendy por ejemplo, una profesional de treinta y siete años de las que no se andan con tonterías, que se crió en un hogar de clase media-alta en el norte del estado de Nueva York. Fue a la Universidad Cornell, obtuvo su maestría en Harvard y pasó siete años ascendiendo en el escalafón corporativo de la ciudad de Nueva York. Camina con una confianza difícil de disimular, con una postura recta, una sonrisa cálida pero segura y un discurso bien expresado. Pero durante todos estos años de estudios y trabajo, siempre ha ejercido de hermana mayor con niños de barrios desfavorecidos. Hace cinco años, Wendy dio un giro radical a su carrera y aceptó un trabajo como directora ejecutiva de una organización sin ánimo de lucro centrada en ayudar a niños en situación de riesgo.

En sus quince años de historia, la organización de Wendy se ha centrado principalmente en servir a niños de comunidades sin recursos por todo Estados Unidos y Canadá. El año pasado, la junta le encargó a Wendy que expandiera su trabajo a Centroamérica. Wendy se resistía a esa expansión por miedo de que la organización perdiera su enfoque, pero accedió a considerarlo. Cuando conocí a Wendy, se había pasado los seis meses anteriores leyendo todo lo que encontraba acerca de las dificultades que había a la hora de tratar con niños en lugares como México D.F., Managua y San Salvador. Había leído montones de cosas acerca de las cuestiones culturales de toda esa región e incluso estaba refrescando su español. Cuando Wendy accedió a encontrarse conmigo como parte de mi investigación sobre el liderazgo culturalmente inteligente en las organizaciones sin ánimo de lucro, ella se encontraba a dos semanas de emprender su primer viaje a Centroamérica en nombre de la organización.

Wendy dijo: «Ponme con un grupo de líderes del South Side de Chicago o entre un puñado de activistas de la comunidad de la zona rural de Saskatchewn y sabré qué hacer. Tengo una idea muy clara de cómo podemos suplir las necesidades de los niños de esos lugares. Pero incluso después de todo lo que he leído y he aprendido, todavía no tengo ni idea de cómo podemos adaptar nuestros programas para solucionar las necesidades de los niños de allá abajo». Francamente, me animaba ver que ella no se encontraba demasiado confiada en cómo los programas de su organización funcionarían allí, pero observé una reticencia global en el modo en que Wendy hablaba acerca de aquella expansión a Centroamérica.

Entonces le pregunté a Wendy: «¿Así que esperas con ansia este viaje?» Ella contestó: «Ah... ya sabes cómo es eso. Uno se olvida de ellos muy rápido. Pero estará bien. Mis únicas visitas allí abajo han sido un par de vacaciones en las playas de México y Costa Rica». Yo continué: «Pero, ¿qué hay acerca de todo este nuevo énfasis en Centroamérica? ¿Estás emocionada por esta nueva dimensión de tu trabajo?» Ella dijo:

> No puedo decir que esté emocionada. Estoy tratando de aprender lo que puedo, y después cederé todo este esfuerzo a alguien con la pasión de acometer este proyecto con todas sus ganas. Mi pasión está en los niños de *aquí*. No es que no me importen los niños de otras partes, pero mi corazón no puede asumir tanto.

Después de algunas interacciones más, Wendy confesó que había tenido una dura experiencia con un hombre hispano. En un trabajo anterior, fue humillada repetidamente por un colega de origen mexicano, aunque nunca presentó una queja formal contra él. Sabía que era injusto generalizar su experiencia sobre todos los hombres de Centroamérica, pero no podía cambiar los sentimientos que la embargaban acerca de confiarse en un ambiente lleno de hombres que le recordaban su pasada experiencia.

A pesar del duro trabajo de Wendy para refrescar su español y comprender la cultura latina, su reticencia ante este proyecto intercultural dificultará su eficacia. Muchos enfoques al trabajo intercultural se centran en la información de las diferencias entre culturas. Pero muchos de los mayores desafíos en el liderazgo intercultural tienen poco que ver con una información insuficiente y sí mucho con la motivación. Sin la adecuada determinación y confianza, los líderes continuarán forcejeando con el trabajo intercultural.

El primer paso hacia un liderazgo con inteligencia cultural es enfocar nuestra propia motivación y la de los otros. *Podemos* incrementar nuestra determinación. Las investigadoras Linn Van Dyne y Soon Ang describen tres subdimensiones en la determinación de la IC: la motivación intrínseca, la motivación extrínseca y la autoeficiencia.[1] Su trabajo enfatiza las siguientes estrategias para crecer en esta determinación: sinceridad, autoconfianza, comer y socializar, considerar los beneficios y el triple objetivo.

CÓMO DESARROLLAR LA DETERMINACIÓN DE LA IC

Sé sincero contigo mismo.

Examina tu nivel de confianza.

Comer y socializa.

Considera los beneficios.

Trabaja en el triple objetivo (fiscal, humanitario y ambiental).

Pregunta clave: ¿Cuál es mi nivel de confianza y motivación para esta misión intercultural? Si carezco de él, ¿qué puedo hacer para incrementarlo?

Sé sincero contigo mismo

El primer modo importante de aumentar la determinación de la IC es ser sinceros con nosotros mismos. Cuando le pregunté a Wendy acerca de su inminente viaje, ella se sintió capaz de reconocer con honestidad sus reservas acerca de sumergirse en la cultura latinoamericana. Ese es un gran adelanto.

A algunos de nosotros nos encanta probar nuevas comidas. Otros esperamos escabullirnos para probar un bocado de comida de casa cuando viajamos al extranjero. Aunque yo mismo parezco renacer cuando me sumerjo en un nuevo lugar, de vez en cuando tengo mis momentos de bajón. No tienen por qué ser catástrofes totales, y normalmente no lo son. Como ejemplo, la siguiente es una entrada que escribí en mi diario cuando estaba enseñando a un grupo de líderes en Malasia:

> Tengo *jetlag*, Em está enferma en casa y mis clases no fueron bien ayer. Ojalá pudiera montarme en un avión rumbo a casa. Ya debería saber que puedo conseguir buenas respuestas haciendo preguntas al grupo entero, pero no quise utilizar grupos de discusión pequeños ayer. Necesito un enfoque diferente hoy.

Evaluar de forma sincera nuestro nivel de interés en un proyecto intercultural es esencial para convertirse en alguien más inteligente culturalmente. Para mí, la falta de motivación provenía de querer estar en casa con mi hija enferma, de sentirme cansado y de cuestionarme mi eficacia. Para Wendy, la falta de motivación estaba enraizada en el miedo.

Klaus, un alemán expatriado en una misión de dos años en Nairobi, Kenia, también necesitaba una clase muy parecida de honestidad. Él describía el miedo que su familia había experimentado cuando se trasladaron de Múnich a Nairobi.

> De repente nos vimos desconfiando de todo el mundo. Por naturaleza no somos así. Pero habíamos escuchado muchas historias acerca de familias extranjeras a las que habían robado y de las que se habían aprovechado. Mi mujer se resistía a contratar ayuda doméstica permanente por miedo a tener keniatas bajo nuestro techo. Al final nos fuimos relajando. Pero el factor miedo fue un enorme desafío para nosotros durante nuestros primeros seis meses.

Sin duda que es apropiado procurar la seguridad de nuestras familias, así como averiguar si estamos expuestos al peligro de un modo claro, y cuándo. Pero cuando descubrimos que nuestros miedos son infundados, como hizo Klaus, el desafío se transforma en enfrentarlos y perseverar.

La sinceridad también requiere enfrentarse a los prejuicios y preocupaciones que asociamos implícitamente a ciertos grupos de gente. Fíjate en las sinceras y crudas reflexiones escritas por Sharise, una líder empresarial de Portland, Oregón.

> ¿Soy yo racista? Ayer cuando paré para realizarme un análisis de sangre, entró un hombre negro. Simplemente supuse que era el técnico de laboratorio. Solo más tarde se hizo evidente que él era médico... ¿Por qué asumí tan rápidamente que él debía ser el técnico? Si hubiera sido un chico blanco, lo más seguro es que hubiera supuesto que era un doctor.

Todos tenemos prejuicios. La clave es si actuamos guiados por ellos. Los test de asociación implícita son herramientas creadas para demostrar de qué modo los prejuicios afectan a la manera en la que interactuamos con la gente. Estos test dejan al descubierto los prejuicios implícitos que tenemos hacia el color de la piel, el peso, la edad y la religión. ¡Son fascinantes! Puedes echar un vistazo a algunos test reales visitando la web https://implicit.harvard.edu/implicit/spain/. Son una gran herramienta para demostrar los impulsos automáticos que tenemos hacia ciertos grupos culturales. El objetivo es ser honestos acerca de nuestros prejuicios en vez de pretender que no existen. Aunque nuestros prejuicios internos sean automáticos, comprenderlos con sinceridad puede ayudar a controlar y moderar nuestras interacciones. Podemos tomar la decisión deliberada de suspender cualquier juicio que nos veamos impulsados a hacer.

Una excelente forma de empezar a desarrollar la determinación de la IC es por medio de ser honestos con nosotros mismos. Simplemente podría ser admitir con sinceridad que no te sientes particularmente entusiasmado con las experiencias e interacciones interculturales. Identificar ese sentimiento es un gran comienzo.

Entonces podemos empezar a mirar el modo de conectar las cosas que *sí* nos motivan con nuestro trabajo intercultural. Escríbelo, habla con un amigo de confianza y verbaliza aquello que te impulsa en lo relativo a tu trabajo intercultural y aquello que te deja fatigado, temeroso o sencillamente inmotivado. Ser honestos con nosotros mismos no es suficiente para motivarnos, pero la determinación empieza con una evaluación sincera de nuestro nivel de interés por el trabajo intercultural.

Examina tu nivel de confianza

Ser sinceros con nosotros mismos nos encamina de forma natural hacia el siguiente paso importante para crecer en la determinación de la IC: examinar nuestro nivel de confianza para hacer un trabajo intercultural. La autoeficacia es la percepción que tenemos de nuestra habilidad para alcanzar el objetivo. Es nuestra confianza en si podemos o no tener éxito en esta tarea en particular. Una gran parte de la investigación apoya la premisa de que el nivel de confianza de un líder a la hora de llevar a cabo lo que se propone hacer determinará de forma radical el resultado.[2]

Wendy demostró una gran cantidad de autoeficacia cuando describió los objetivos en el extranjero de su organización. El presupuesto ahora era un 300 por ciento más grande que cuando ella llegó cinco años atrás, y estaban ayudando a un número de niños cinco veces mayor. Y ella estaba convencida de que continuarían con esa clase de curva de crecimiento durante los próximos cinco años. Pero la expansión hacia Centroamérica la hacía sentir desorientada. Las experiencias previas de Wendy erosionaban su confianza para trabajar allí.

La autoeficacia es un importante vaticinador del cambio intercultural.[3] Sin un fuerte sentido de autoeficacia, un líder evitará los desafíos y abandonará fácilmente cuando tenga que enfrentar los reveses.[4] Wendy trató de edificar su confianza en el aprendizaje de todo lo que pudo acerca de la cultura y los niños en riesgo en aquella región. Esta es, en verdad, una estrategia útil.[5] El desafío de

Wendy era sumergirse en aquel entendimiento creciente con el fin de incrementar su autoconfianza para trabajar en Centroamérica. Es más probable que tengamos éxito en los contextos interculturales cuando creemos que lo tendremos.

Para mí, mirar mi escasa motivación y mi poca confianza para enseñar en Malasia provocó que espontáneamente cambiara el tema del día. Se suponía que continuaríamos por donde lo habíamos dejado el día anterior (formación y orientación). Sabía que podía abarcar el material, pero me faltaba la confianza de saber que podía captar la atención de los participantes para que discutiéramos más allá de lo que lo habíamos hecho el día anterior. Recientemente había estado pensando mucho acerca de la cultura empresarial y un gran número de mis conversaciones informales con los participantes de aquel seminario habían estado relacionadas con cuestiones que tenían que ver con sus propias organizaciones. Así que cambié a este tema porque me sentía más seguro al tratarlo con ellos. Usamos diversos ejercicios de grupo donde les asigné varias culturas empresariales y sugerí algunos modos concretos en que ellos podían utilizar los puntos de vista que habían descubierto. Tuve que lidiar con cierto desacuerdo creado por algunos participantes que querían asegurarse de que íbamos a abarcar el material prometido acerca de la formación y la orientación: una preocupación justa en cualquier grupo, y acentuada por los valores culturales de algunos de los participantes. Pero en la sala parecía que había vuelto la vida. Quizá fuera el contenido y el tema, aunque del mismo modo pudo ser el cambio en mi sentimiento personal de confianza en que aquello sería algo que conectaría mejor. Nuestro sentimiento de confianza para las tareas particulares varía en base a la situación y el contexto. Aumentar tu confianza incrementará tu determinación de la IC.

Come y socializa

Además de la sinceridad y la autoconfianza, una motivación mucho más concreta es comer y pasar el rato con la gente. La comida es uno de los temas más populares de los que hablan los viajeros internacionales. Muchos viajeros de negocios describen el desafío de comer cosas poco familiares y la «aterradora» experiencia de ser hospedado por gente que parece insensible al disgusto del visitante por la comida local. Aini, una ejecutiva indonesia, me hablaba acerca de los desafíos que enfrentó durante su primer viaje de negocios a Estados Unidos. Ella dijo:

> Todavía no le he pillado el gusto a todas las verduras crudas que a ustedes los estadounidenses les encantan. Sus ensaladas son enormes pero me parecen muy poco apetitosas. Y una vez visto el modo en que empaquetan y congelan el pollo, nunca tengo el valor necesario para comerme el pollo frío que a menudo ponen en la ensalada. No puede ser tan fresco como los pollos enteros que se pueden conseguir en los mercados de Yakarta. Cuando compro pollo o pescado en casa, puedo ver qué aspecto tiene antes de que lo hagan trocitos. Me dan nauseas, sencillamente, cuando paseo por la sección de carnicería de los supermercados de Estados Unidos. Siempre que estoy allá le tengo terror a la hora de la comida.

Es irónico escuchar a Aini describir su asco por el pollo congelado del mismo modo en que muchos estadounidenses describen la nauseabunda experiencia de ver la carne fresca colgando en los mercados de Asia. El asco de Aini por la comida de Estados Unidos no parece ser tan perjudicial para ella cuando trabaja en Estados Unidos como lo sería en otras partes. Para la mayoría, la comida juega un papel muy funcional en la cultura estadounidense. Comemos para trabajar. Si Aini hubiera visitado mi casa, le hubiera dicho: «No te comas aquello que no te guste. No nos importa», y realmente no lo hubiera hecho en su mayor parte. Pero en muchos lugares del mundo la comida está profundamente enraizada en la vida de la gente. Alguna vez he tenido a anfitriones indios que me han preparado comidas para las que utilizaban especias que habían crecido en su patio trasero durante cientos de años. Las mejores comidas indias llevan días de preparación. Así pues, rechazar comer platos preparados para ti en ese contexto tiene una dimensión mucho más insultante que la de solo rehusar un plato que no te gusta. Puede ser entendido como un rechazo absoluto. Y en cuanto a lo de comer con utensilios frente a comer con las manos, uno de mis amigos indios lo expuso de este modo: «¡Comer con utensilios es como hacer el amor a través de un intérprete!» Eso lo dice todo del cariño que muchos indios tienen por su comida. Rechazar la comida de un colega indio puede ser extremadamente irrespetuoso y puede erosionar cualquier posibilidad de asociación empresarial. ¿Quién hubiera pensado que la comida pudiera jugar un papel tan importante en un rendimiento global exitoso?

Edwin, un ejecutivo británico de una compañía perteneciente a la lista de *Fortune 500* que a menudo viaja al sureste asiático, observó la gran ventaja que significaba su pasión por probar nuevas comidas en sus estrategias de negociación. Edwin hizo este comentario cuando reflexionaba sobre sus frecuentes viajes al sureste asiático:

> A menudo mis anfitriones se muestran encantados de llevarme a sitios con comida occidental. Se quedan sorprendidos cuando les digo que en realidad, en vez de eso, prefiero la comida local. Siempre me dicen lo inusual que les resulta tener a un invitado occidental tan aventurero como yo. Fideos picantes, mariscos exóticos, ojos de pescado, ranas, serpientes, insectos... He probado un montón de cosas interesantes... Es en esas largas sobremesas después de un duro día de oficina donde tienen lugar las verdaderas transacciones de negocios. Estoy convencido de que esta es una de las estrategias más importantes para los negocios internacionales.

Edwin, además, insistía en que muchos de los contratos que ha negociado en el sureste asiático ocurrieron después de compartir algunas comidas, no durante las formales reuniones de negocios del día. No tienes por qué ser tan aventurero como Edwin para ganarte algo del valor que procede de probar comida nueva. Hacer un esfuerzo honesto por probar algo hace mucho. Para aquellos a los que pensar en esto les da nauseas, aquí tienen algunas estrategias para considerar:

- Siempre prueba al menos un par de bocados.
- No preguntes qué es. Algunas veces el nombre lo hace parecer peor de lo que realmente sabe. Simplemente, cómelo, con la obvias excepciones de las alergias alimenticias.
- Toma un bocado pequeño y trágalo rápido.
- Si la textura te molesta, añade una buena cantidad de arroz, fideos o pan para proporcionar una textura más firme a las comidas viscosas.
- La piña suaviza las comidas picantes y especiadas, y la Coca-Cola provoca más ardores. Empareja bien la comida y la bebida.
- Si no estás seguro de *cómo* comértelo (por ejemplo, si con las manos o qué debes quitar), simplemente pregunta. La mayoría de anfitriones estarán encantados de mostrártelo.
- Encuentra algo en la comida a lo que hacerle un cumplido y haz todo lo que puedas para evitar una expresión facial negativa. ¡*Estás* siendo observado!
- Pregúntale a tu anfitrión acerca de lo que el plato significa para ellos personalmente o para su cultura.
- Ten cuidado. ¡Quizá encuentres cosas que empieces a echar de menos cuando llegues a casa!

En la mayoría de culturas, comer juntos es un valor simbólico que va más allá de «tomar un bocado juntos». Compartir la comida puede verse como un acontecimiento sagrado. Lo mismo puede ocurrir en muchos lugares a donde seas invitado para hacer turismo. Un ejecutivo estadounidense de visita en una sucursal de Tailandia puede pensar que bajar el río Chao Phraya en un taxi acuático es una pérdida de tiempo. Y un ejecutivo alemán puede pensar que comer comida local con burócratas keniatas tiene poca influencia para conseguir construir una fábrica. Sin embargo, los estudios demuestran exactamente lo contrario. Nuestro nivel de interés a la hora de conectar con la gente y la cultura como un todo conformará de manera directa el modo en que hagamos nuestro trabajo de manera sutil pero profunda. Además, aunque el turismo puede resultar una pérdida de tiempo para los que vienen de países más desarrollados e industrializados, demuestra respeto por la historia, las tradiciones y la cultura de su gente, y ayuda a desarrollar relaciones con compañeros en otro contexto. Normalmente los que provienen de una cultura con menos énfasis en la historia se pierden la importancia de esto.

Uno de los desafíos que he descubierto comiendo y socializando es que las diferencias culturales son más pronunciadas en los escenarios sociales que en los laborales. Por ejemplo, a menudo un desarrollador de *software* puede hablar «en código» con otro desarrollador y encontrar rápidamente intereses en común. Lo mismo es cierto entre un sociólogo brasileño y uno alemán, o entre un ejecutivo chino y uno canadiense. Sin duda, hay desafíos y diferencias en el escenario del trabajo intercultural, pero por lo general nos llegamos a relacionar con más facilidad con nuestro compañeros profesionales cuando hablamos de trabajo que cuando nos aventuramos al contexto social. Gran parte de nuestro ambiente de trabajo tiene normas culturales que nos dan las pistas necesarias para saber cómo comportarnos. Sin embargo, muchas de esas normas desaparecen cuando nos trasladamos al terreno social. Muchos de los desafíos interculturales más grandes que experimentan los extranjeros ocurren en la cena después del trabajo.

Como resultado de ello, la energía que se requiere para la interacción social con gente de diferentes trasfondos culturales normalmente provoca en nosotros que nos refugiemos en contextos sociales más familiares y cómodos. Los que hacen viajes de negocios de corta duración normalmente se sienten más cómodos cuando viajan con otros colegas de casa y comen cosas familiares. Los ejecutivos asignados a una misión en el extranjero a menudo se enclaustran en su subcultura expatriada en vez de sumergirse en la local. No obstante, es mucho menos probable que tengamos éxito en una tarea intercultural cuando nos apartamos de ella o cuando permanecemos con un gran grupo de compañeros compatriotas. Cuando llegamos a un nuevo escenario juntos como grupo de extranjeros, tenemos un grupo de soporte ya constituido y un punto de identificación. Como resultado, no nos vemos tan motivados a integrarnos en el escenario local.[6]

Necesitamos relacionar esta determinación de la IC (comer y socializar) con la primera que discutimos, que era ser sinceros con nosotros mismos. Los introvertidos, particularmente, enseguida se sentirán retraídos por el duro trabajo de socializar interculturalmente. Y todos nosotros nos encontraremos con ocasiones (especialmente cuando nos veamos inmersos en un trabajo intercultural prolongado y en marcha) en las que necesitaremos hacer un alto, ya sea para pasar tiempo con gente de un contexto cultural familiar o para pasar tiempo a solas con algunas de las comodidades de nuestro hogar. Creo que cualquier viajero de negocios puede sobrevivir unos cuantos días sin un McDonald's y un Starbucks. Pero llega un momento en que tener acceso a las comodidades del hogar puede ayudar a mantener la determinación necesaria ya puesta en marcha. No hay nada malo en retirarse de vez en cuando para recargar las baterías. Pero si no tenemos cuidado, progresivamente nos iremos alejando de la cultura local. Lo que se suponía que debía ser un tiempo de recarga, se convierte en la dificultad de volver a engancharnos con la cultura local.[7] Cuando buscamos comida familiar y se nos antoja un ejemplar del día del *USA Today* de camino a nuestra reunión de negocios, es posible que como resultado perdamos una tremenda ocasión para asimilarnos. Piénsalo dos veces antes de comer en un McDonald's y escabullirte de una invitación a cenar.

Considera los beneficios

El cansancio, los miedos y la ansiedad que acompañan al trabajo intercultural pueden sobrepasarnos, pero la parte buena es que hay algunas gratificantes recompensas. No solo hablo de puntos de bonificación por ser viajero frecuente y de *suvenires* para la familia. Hay algunos beneficios tangibles para los líderes que aprenden a adaptarse con éxito a las diferentes culturas. Distanciarse un poco para considerar los beneficios es un buen modo de motivarte a ti mismo y a los demás a desarrollar continuamente la inteligencia cultural. He aquí algunas ventajas que resultan de perseverar en los desafíos y oportunidades del liderazgo intercultural:

- *Ascensos en la carrera*. Un número creciente de prósperas organizaciones pone como requisito que cualquiera que quiera convertirse en un líder superior debe primero ser probado en el trabajo con un equipo multicultural. Muchas empresas piden ahora un mínimo de dos años en diferentes puestos internacionales en localizaciones complicadas antes de que un individuo pueda considerarse para un puesto de nivel ejecutivo. Jack Welch, el antiguo director de General Electric, dijo: «El Jack Welch del futuro no puede ser como yo. He pasado toda mi carrera en Estados Unidos. El próximo director de GE será alguien que haya pasado tiempo en Bombay, en Hong Kong y en Buenos Aires».[8]

- *Creatividad e innovación*. Aprender a negociar y a expandirse internacionalmente promueve una sensación de creatividad que no se puede conseguir de ningún otro modo. El arte de la negociación es suficientemente desafiante cuando se comparten culturas. Pero aprender el modo en que ambas partes obtengan buenos resultados cuando se trata con múltiples trasfondos culturales hace crecer un sentido global de innovación y creatividad que puede aplicarse a muchas otras facetas de la vida y el trabajo. Una cosa es comprender las diferencias culturales entre alemanes y chinos. Otra muy diferente es haber encontrado de forma creativa un modo de desarrollar una relación de trabajo que alcance los respectivos objetivos de desempeño mientras demuestra dignidad y honor para ambas partes.

- *Expansión por las redes globales*. Las redes sociales están de moda hoy en día. E interactuar con gente de varios trasfondos culturales, mientras ambos están en casa y a la vez en todo el mundo, puede ser muy enriquecedor personalmente y puede abrir todo tipo de oportunidades adicionales. Toma nota de las oportunidades personales y profesionales que devienen de conectar con individuos de una gran colección de trasfondos y redes al salir de tu contexto familiar para adentrarte en otros.

- *Salario y beneficio*. Puesto que un 70 por ciento de todas las aventuras internacionales fracasan, muchas organizaciones están deseosas de pagar por talentos que puedan desenvolverse con éxito en situaciones interculturales, porque hacerlo conlleva mayores ganancias. No lleva mucho ver el beneficio tanto para la organización como para el individuo cuando se calcula el coste de un líder *ineficaz* trabajando entre culturas. Considera lo siguiente:

- ¿Qué líderes de alto nivel tienen que tratar con las consecuencias de una empresa intercultural fracasada? ¿Cuál es su sueldo? Intenta poner una tarifa por horas a su tiempo. ¿Cuántas horas han pasado estos altos líderes tratando con esta situación? Solo unas pocas reuniones a la semana ya suponen cientos de horas, multiplicadas, además, por la tarifa por horas de esos líderes.
- Añádele el coste del resto del personal necesario.
- Añade entonces el coste de las oportunidades perdidas por culpa de toda la energía desviada hacia esta cuestión.
- Imagina entonces el coste ocasionado en la moral global y en el futuro crecimiento de la organización.

Ya tienes una idea. Sin embargo, si no somos cautelosos, es fácil ver la inteligencia cultural como un bonito y noble ideal y perdernos su conexión con nuestros informes de pérdidas y ganancias. Está probado que priorizar la inteligencia cultural en una organización juega un importante papel a la hora de ampliar los márgenes de beneficios.[9] Por lo tanto, vale la pena la inversión en aumentar el sueldo de aquellos que pueden tener éxito en el trabajo internacional.

Hay algunos beneficios adicionales definitivos que vienen con el trabajo intercultural. Recompensarnos a nosotros mismos y a los miembros del equipo que trabajan bien es un modo útil de aumentar la determinación de la IC.

Trabaja en el triple objetivo

Aunque las motivaciones extrínsecas como avanzar en la carrera y aumentar el salario son válidas, en algún momento los líderes culturalmente inteligentes necesitan considerar algo más grande que la fuente creciente de la motivación para una conducta acorde. Al final del día se necesita una causa mayor para sustentar la determinación de la IC.

Peter Wege, presidente retirado de la marca de mobiliario de oficina Steelcase, popularizó el término *triple objetivo*, dando a entender que los negocios necesitan ser responsables a partes iguales de sus beneficios fiscales, el bienestar humano y la responsabilidad medioambiental. Él defiende que estas tres áreas son el indicativo de cualquier negocio exitoso de hoy en día.[10] Un movimiento cada vez mayor de ejecutivos de alto nivel se preguntan: «¿Qué acompaña a las ganancias percibidas? ¿Cómo afecta nuestro trabajo al medio ambiente? ¿Estamos provocando que la gente sufra, se sienta desesperada o injustamente tratada en el proceso de la obtención de beneficios?»

En cierto modo, toda organización necesita ser lucrativa fiscalmente. Ni siquiera las organizaciones sin ánimo de lucro pueden suplir las necesidades de sus «clientes» sin viabilidad económica. Y sin beneficios, ninguna organización puede continuar su existencia. Irónicamente, los otros dos objetivos (responsabilidad medioambiental y bienestar humano) no tienen por qué entrar en conflicto con el provecho fiscal. Estas tres áreas pueden servirse entre sí. Habrá ocasiones en las que habrá que abandonar una oportunidad que produzca beneficios porque quebrantará los otros dos objetivos. Sin embargo, el énfasis en este caso reside más en cómo nos comportamos y en cómo usamos el dinero que se ha hecho. El dinero se puede utilizar para ofrecerle a la gente una oportunidad, sustento vital y autoridad, o se puede usar para destruir la vida.[11]

Los tres objetivos son indispensables entre sí mientras nos introducimos en un mercado y en una plantilla globalizados. Muchas compañías de todo el mundo hoy en día se dan cuenta de que el éxito requiere ganarse el respeto y la confianza de sus clientes. Ya no se trata de adherirse a la legalidad y las regulaciones. Ya sea en los estándares de seguridad, prácticas de trabajo infantil o discriminación a la hora de contratar, los clientes regulan el modo en que realizamos nuestro trabajo.

Una determinación más profunda y altruista es, desde lejos, una motivación mucho más sostenible para la IC que el simple hecho de buscar mercados globales para intereses egoístas. De hecho, la inteligencia cultural no puede existir aparte del verdadero afecto por el mundo y su gente.[12] En el mismo núcleo de la inteligencia cultural reside el deseo de aprender con y acerca del resto de la gente. Así que debemos tener cuidado cuando traspasemos los contextos culturales de otros grupos e impongamos nuestros puntos de vista sobre ellos. En vez de eso, nuestras operaciones globales nos dan la oportunidad de adquirir de las relaciones intercontinentales nuevas perspectivas y creencias beneficiosas para ambas partes.

¿A qué se puede parecer una motivación más trascendente para aquellos lectores de un contexto occidental? Quizá necesitamos unas palabras de precaución. Durante muchos años ha existido la sensación de que un líder de Occidente será bien recibido en cualquier parte del mundo con nuestros servicios, productos e ideas. Pero en los últimos años ha habido un cambio de actitud hacia Occidente y a lo que significa trabajar con él. Los líderes internacionales de negocios, gobiernos y organizaciones sin ánimo de lucro se quejan por lo bajo del modo en que los visitantes occidentales viven en sus propias burbujas sin tener demasiada interacción genuina con sus homólogos extranjeros, y mucho menos con las gentes de la zona. Un asesor de política exterior le contó a Fareed Zakaria, de *Newsweek*: «Cuando nos reunimos con los oficiales estadounidenses, ellos hablan y nosotros escuchamos... pocas veces les llevamos la contra o hablamos con franqueza porque, sencillamente, no lo entienden».[13] Kishore Mahbubani, antiguo secretario de relaciones exteriores y embajador de las Naciones Unidas, lo explicaba de esta manera: «Hay dos tandas de conversación, una con los occidentales en la habitación y otra sin ellos».[14] Hemos llegado a esa reputación de forma natural al haber dominado el mundo en muchos frentes diferentes el último siglo. Pero según vayan alzándose los mercados emergentes, particularmente en China, India, Rusia y Brasil, tendremos que cambiar nuestro papel de superpotencia a negociadores globales. Si adoptamos un espíritu de apertura, colaboración e incluso compromiso, tal vez recuperemos la reputación de ser conocidos por la innovación, y como Zakaria dice: «ser un lugar donde la gente de todo el mundo puede trabajar, mezclarse, juntarse y compartir un sueño y un destino comunes».[15] Los líderes occidentales necesitan dejar de perpetuar el feo síndrome norteamericano sin renunciar a cumplir un papel significativo en los asuntos globales. Pero necesitamos reformar nuestra perspectiva acerca de lo que tenemos que ofrecer y ganar en los mercados internacionales.

Por otro lado, también les conviene ser cautelosos a aquellos líderes de economías emergentes que puedan estar regodeándose en secreto por la marginación de la influencia occidental. En vez de ello, estos líderes deberían considerar cómo usar su creciente influencia y su nuevo poder para ayudar a otras naciones en desarrollo a tener su lugar en la mesa. Los líderes de lugares como China y Arabia Saudí se pueden identificar fácilmente con los que parecen más desamparados y tienen la oportunidad de utilizar ese entendimiento para aumentar su determinación altruista de ayudar a otros. Pueden incluso considerar, por contradictorio que parezca, ponerse del lado de los líderes de lugares como Japón, Alemania y Estados Unidos para ayudarles a reinventarse a sí mismos en esta nueva era de la globalización. Estas son razones mucho más convincentes que una sencilla búsqueda de los intereses propios para la eficacia intercultural.

La llamada hacia algo más grande puede jugar un poderoso papel a la hora de incrementar nuestra determinación global de la IC. De hecho, quizá el mejor modo en que Wendy puede mejorar su autoeficacia y su determinación para su viaje inminente y su futuro trabajo en Centroamérica es apelando a su orientación humanitaria. Como directora ejecutiva de una organización comprometida con los niños desfavorecidos, a ella le importa mucho la búsqueda de la justicia y la igualdad para todos los niños. Aprovechar su motivación altruista de ayudar a los niños quizá sea lo que más necesita para verse obligada a perseverar a pesar de las disonancias culturales que anticipa, a las que probablemente tendrá que hacer frente. Lo mismo es cierto para Klaus, el expatriado alemán en Nairobi. No considerar a los keniatas como simples personas a las que utilizar para hacer que su compañía salga adelante puede ayudarle a mitigar algunos de los miedos que tanto él como su familia sienten por vivir en Kenia. Cuando empiece a disfrutar de la oportunidad y la maravilla de trabajar y relacionarse con keniatas, se encontrará con un descubrimiento vivificador.

La determinación de la IC descansa en algo más grande que nosotros mismos. El desafío para nosotros como líderes es ver nuestra existencia no solamente en términos de nuestros propios intereses, sino en última instancia como algo que nos sobreviva. Si lo único que nos motiva es más poder, riqueza y éxito, nos enfrentaremos al desgaste bien pronto. Pero si nosotros y nuestras organizaciones usamos el triple objetivo para ajustarnos a algo más grande que nosotros, y unirnos a ello, y servirlo, podremos tener una visión mayor de nuestro papel y encontrarnos con una creciente energía para perseverar a través del duro trabajo del liderazgo intercultural. La vida trata de cosas que trascienden de nosotros.[16]

Conclusión

La determinación de la IC va más allá de la emoción por viajar a un nuevo lugar. Es la perseverancia que se requiere cuando se pasa la novedad y las diferencias comienzan a impacientarnos. Tenemos que ir más allá de nuestro miedo, estar dispuestos a asumir riesgos y a hacer crecer nuestra habilidad para actuar con eficacia en lugares que parecen más extraños que familiares. Probar nuevas comidas, tomar en cuenta la cultura local y perseverar a pesar del cansancio que provoca relacionarnos interculturalmente conlleva grandes beneficios.

A menudo, los grupos de trabajo tienen un alto nivel de motivación para realizar con éxito una tarea específica. Los programadores de *software* que trabajan con colegas virtuales en múltiples localizaciones quieren cumplir los plazos de entrega. Los diseñadores quieren asegurarse de que sus compañeros industriales fabriquen el producto tal como se imaginó originalmente. Los doctores y enfermeras quieren que se diagnostique correctamente qué está enfermando a un inmigrante. Las firmas de contabilidad quieren ver precisión en las hojas de cálculo analizadas por un equipo de personal multicultural. Si esa clase de resultados exitosos es lo que más te motiva, utiliza esa motivación para ayudarte a perseverar cuando tengas que comer algo poco conocido, cuando tengas que esforzarte al máximo para saber de qué hablar y para aprender cómo asumir la perspectiva de la gente con la que te encuentres. Todo eso ayudará a incrementar tu eficacia. Aunque en realidad el trabajo de la determinación de la IC nunca se termina, en cierto punto, según lo vayamos haciendo, se vuelve más familiar y confortable. Yo no sé si alguna vez llegará a ser fácil, pero los beneficios de perseverar en estos desafíos son inmensos, tanto porque te permiten concluir los objetivos relacionados con tu trabajo como por el portal que te ofrecen para ver el mundo con ojos diferentes.

La determinación de la IC es el primer paso hacia la obtención de beneficios de la inteligencia cultural. Podemos empezar encarando con sinceridad nuestros miedos, prejuicios y nuestro nivel de confianza. ¡Y recuerda que ese Big Mac o esa ensalada que tanto echas de menos en Shanghái te puede costar el contrato! Sin embargo, probando los ojos de pescado que te han servido, puedes ganar nuevos amigos, asegurarte una gran cuenta y acercarnos a todos un paso más a hacer del mundo un lugar mejor.

BUENAS PRÁCTICAS PARA LA DETERMINACIÓN DE LA IC

1. *Calcula el coste personal, empresarial y global de no priorizar la inteligencia cultural.* Una valoración honesta puede motivarte rápidamente a ti y a tu equipo a aumentar su IC.

2. *Conecta tu misión intercultural con otros intereses.* Si no te sientes motivado de forma natural a la experiencia con otras culturas, encuentra el modo de conectar la misión con algo que te interese. Si te gusta el arte, ¿qué expresiones artísticas puedes descubrir? Si te gusta el deporte, descubre qué deportes están en auge allí. Si te encanta comer, las opciones son interminables. Si comes, bebes y duermes negocios, utilízalo como un modo de aprender nuevas técnicas empresariales.

3. *Acepta cualquier misión intercultural que esté disponible.* La experiencia directa en el trabajo en situaciones interculturales, observando de qué manera otros lo desempeñan con éxito y aprendiendo «sobre la marcha», es una de las formas más importantes de ganar confianza para ir más allá. Tener múltiples experiencias internacionales, ya sean de trabajo o no, está entre uno de los mejores métodos para desarrollar la determinación de la IC.[17]

4. *Prueba las especialidades locales.* Muchos lugares de todo el mundo están desarrollando una mayor diversidad étnica en los alimentos disponibles. Rompe con tu rutina y prueba nuevas comidas. Y especialmente cuando visites otros lugares, prueba siempre al menos un par de bocados. Haz bocados pequeños y trágalos con rapidez si es necesario. ¡Pero come, come, come!

5. *Vive para algo más grande.* Fuimos creados para algo más que para matarnos en trabajar y hacer dinero. Algunos de nosotros podemos asumir causas a gran escala. Otros orientaremos a un líder de negocios y haremos que su vida sea mejor. La inteligencia cultural ofrece un modo de hacer del mundo un lugar mejor.

CAPÍTULO 4

ESTUDIA LA TOPOGRAFÍA: EL CONOCIMIENTO DE LA IC (SEGUNDO PASO, PARTE A)

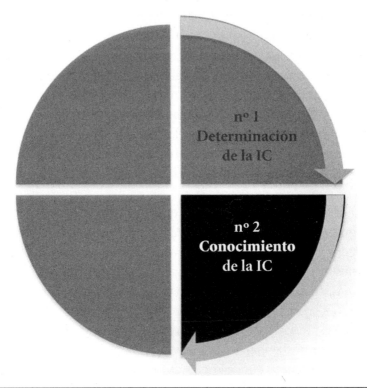

SEGUNDO PASO: CONOCIMIENTO DE LA IC: ¿Qué necesito saber?	
Entendiendo las cuestiones y las diferencias interculturales	
Perfil de un líder con conocimiento de la IC:	Los líderes con un alto conocimiento de la IC tienen una comprensión rica y bien organizada de la cultura y de cómo ella afecta al modo en que la gente piensa y se comporta. Poseen un repertorio de conocimientos acerca de en qué se parecen y en qué se diferencian las culturas. Comprenden el modo en que la cultura da forma al comportamiento.

«¿**P**odemos, *por favor,* comer algo *normal* esta noche?» Esta es la clase de pregunta que estoy acostumbrado a escuchar después de haber pasado varios años de trabajo tratando con un montón de diferentes contextos culturales. ¡Pero en esta ocasión la pregunta provenía de mi propia hija! Mi familia me acompañaba a un viaje de tres semanas por el sureste asiático. Aunque podíamos disponer con facilidad de comida occidental en muchos de los lugares a donde viajábamos, mi esposa y yo nos estábamos aprovechando de la oportunidad de probar la excelente comida asiática. Mirando fijamente sus brillantes ojos azules, le repliqué rápidamente: «Emily, ¿quieres algo *normal*? —añade montones de énfasis y sarcasmo en la palabra *normal*—. No puedes conseguir nada más *normal* que el arroz. ¿Sabes cuánta gente come arroz en el mundo? Es de lo más *normal*». Antes de continuar mi discurso, mi esposa me lanzó *esa mirada.* Ya sabes a lo que me refiero. No tuvo que decir una sola palabra. Sabía que significaba algo como: *Guárdate tu conferencia sobre interculturalidad para más tarde y comprémosle una hamburguesa y unas patatas.* Dos minutos después estábamos haciendo cola en un Burger King. No temas, en este caso no me costó el contrato con ningún cliente.

El etnocentrismo (el hecho de evaluar a otra gente y a su cultura desde los estándares de nuestras propias preferencias culturales) se encuentra en todas partes. Es inevitable ver el mundo a la luz de nuestro trasfondo y experiencias culturales. Sin embargo, ignorar el impacto del etnocentrismo en el modo en que lideramos es el mayor y único obstáculo para el conocimiento de la IC. Muchos de nosotros tendemos a subestimar el grado en que nosotros mismos somos producto de una cultura. Es más fácil verlo en los demás. La pregunta de Emily hacía explícita una suposición clave para muchos de nosotros: *mi experiencia es lo que es normal y mejor.* En la actualidad, Emily es tan rápida conmigo captando mis puntos ciegos en lo cultural como yo con ella. El otro día pasamos con el coche junto a una casa de color verde fluorescente en un vecindario repleto de hogares de color tierra. «¡Esto sí que es raro!», dejé escapar. Emily metió baza: «Papá, ¿no querrás decir "diferente"?» *¡Touché!* Suelo ser más sensible y respetuoso con las diferencias en sitios lejanos de lo que lo soy cuando me las encuentro cerca de casa. ¿Realmente es un gran problema pensar que las casas pintadas de neón y las comidas desconocidas son «anormales» o raras? Quizá sí o quizá no. Pero ignorar cómo la cultura conforma el modo en que la gente piensa y se comporta no solamente es insensato, sino caro. Desde los comercios del tamaño de Wal-Mart hasta los negocios familiares en cualquier parte del mundo, los estudios demuestran sistemáticamente un alto nivel de fracaso cuando la expansión a los mercados internacionales se realiza sin el conocimiento de cómo la gente de otras culturas piensa y se comporta.

Después de ocho años de duro trabajo en Alemania, Wal-Mart vendió sus ochenta y cinco tiendas allí. Muchos periodistas teorizaron acerca de lo que había conducido a Wal-Mart al fracaso, dado el gran éxito de la compañía en su tierra, pero la gran mayoría está de acuerdo en que el primer defecto de Wal-Mart fue ignorar las diferencias culturales entre Estados Unidos y Alemania. La compañía trató de aplicar la fórmula de éxito en Estados Unidos al mercado alemán sin modificarla. Fuera cual fuera la clase de productos que ofrecían, el modo en que colocaban los artículos o las políticas que se usaban en el manual del empleado, el periodo que Wal-Mart pasó en Alemania parece ser un caso de estudio de lo que ocurre cuando no se presta la debida atención al poderoso papel de la cultura. Como resultado, Wal-Mart presentó unas pérdidas de mil millones de dólares.[1]

Incluso aunque una organización nunca se expanda a nivel internacional, es imposible ser un líder eficaz sin un poco de perspicacia en el modo en que la cultura da forma a los pensamientos y al comportamiento de la gente afectada por tu liderazgo. De hecho, Edgar Schein, autor del libro de gran éxito *Organizational Culture and Leadership* [Cultura organizativa y liderazgo], dice que es imposible separar la cultura del liderazgo. Dice que las normas culturales influyen significativamente en el modo en que tú defines tu liderazgo; por ejemplo, quién debe ser ascendido, qué es el éxito y cómo motivar a los empleados. Defiende que *una cultura de creación y gestión* es lo único con una importancia real para los líderes. Schein escribe: «El único talento de los líderes es su habilidad para comprender y trabajar con la cultura»; y ambas, la cultura organizativa y la socio-étnica, se encuentran con frecuencia.[2] No descartes el entendimiento cultural como un asunto sensiblero y políticamente correcto. Definirá tu liderazgo.

La habilidad para comprender y trabajar con la cultura no solamente llega de forma intuitiva. Requiere un esfuerzo disciplinado para aumentar la competencia, o sea, el conocimiento de la IC. El conocimiento de la IC, o el segundo paso del ciclo hacia la inteligencia cultural, se refiere a nuestro nivel de comprensión de una cultura y de las formas en que las culturas difieren. En este y en el próximo capítulo analizaremos cuáles son los conocimientos más importantes que necesitan los líderes. Las subdimensiones de la IC son el conocimiento de los sistemas, normas y valores culturales.[3] Estas subdimensiones aflorarán en las estrategias que cubriremos para desarrollar el conocimiento de la IC. Primero descubriremos a distinguir la cultura y su papel en nuestra manera de pensar, comportarnos y liderar. Entonces analizaremos los sistemas y valores culturales más relevantes, aquellos que necesitamos entender. Y concluiremos observando el valor de comprender diferentes lenguajes. Dado el volumen de información trascendente para el conocimiento de la IC, el material del segundo paso está dividido en dos capítulos. No debes entretenerte mucho en esta información ahora, volverás a ella con más calma después, cuando debas sumergirte en el segundo paso de la inteligencia cultural al prepararte para alguna tarea intercultural en particular. En este capítulo consideraremos el primero de los dos modos de desarrollar el conocimiento de la IC: 1) ver el papel de la cultura en ti mismo y en los demás y 2) analizar los sistemas culturales básicos.

CÓMO DESARROLLAR EL CONOCIMIENTO DE LA IC

Observa el papel de la cultura en ti mismo y en los demás.

Analiza los sistemas culturales básicos.

Aprende los valores culturales centrales.

Comprende diferentes lenguajes.

Pregunta clave: ¿Qué conocimiento cultural necesito para esta misión intercultural?

Observa el papel de la cultura en ti mismo y en los demás

Un modo de empezar a crecer en el conocimiento de la IC es observar la manera en que la cultura da forma a lo que vemos, pensamos y hacemos. Esto significa comprender el centro cultural de nosotros mismos y de los demás. Nuestro centro cultural es el núcleo interior que conforma el modo en que vivimos y le damos sentido al mundo. Este conocimiento comienza haciendo la noción de cultura algo más explícito.

Una vez mi amigo Vijay me llevó a un partido de cricket en Delhi. Fui porque me gustaba salir con Vijay, no porque realmente quisiera ver cricket. Yo había intentado ver algunos partidos en la televisión, pero siempre acababa completamente perdido. Vijay era un gran profesor, sin embargo. Mientras veíamos el juego en medio del calor sofocante, empezó a explicarme las reglas básicas, la utilización de los palos, cómo se contaban los puntos y el objetivo final de conseguir hacer salir a cada bateador del equipo contrario. No solo el juego comenzó a cobrar sentido, sino que de hecho me sentí sumergido en la emoción de la competición. Habría sido un espectáculo lamentable si yo hubiera decidido salir a la cancha y jugar. Pero al menos hice aumentar mi comprensión de lo que ocurría cuando los profesionales de cricket jugaban a su juego.

El conocimiento de la IC proporciona una clase similar de comprensión y perspectiva de las culturas con las que interactuamos como líderes. Implica conocer las normas, aunque a menudo sean tácitas, que rigen el comportamiento que tiene lugar en una cultura en particular, ya sea la de un grupo étnico, una cultura organizativa o la subcultura de un partido político o una organización religiosa. El objetivo de adquirir esa comprensión no es volverse como ese grupo cultural o ser capaz de jugar con sus cartas. El objetivo es comprender y apreciar las normas que hay detrás de sus vidas y su sociedad. El conocimiento de la IC empieza con una sencilla comprensión del poderoso papel de la cultura en nosotros mismos y en los demás.

Básicamente, el término *cultura* es el modo de describir por qué y cómo la gente hace lo que hace. Los jugadores y los fans del cricket no piensan conscientemente en las reglas y los fundamentos que hay detrás del juego mientras están en medio de un partido, pero esas reglas dan forma a todo lo que ocurre. Del mismo modo, la cultura consiste en las normas y fundamentos que rigen cómo se vive la vida en un contexto en particular.

La manera más familiar de pensar en un grupo cultural es por medio de una cultura nacional: las normas, costumbres y valores que comparte la gente que vive en un país. Por ejemplo, Suiza tiene una cultura nacional aunque el país incluya una variedad de regiones, cada una de ellas con sus propios lenguajes y tradiciones étnicas. Hay un modo global de ver el mundo que es común a muchos suizos. Comprender las diferencias entre dos culturas nacionales es un buen punto de partida para el conocimiento de la IC. Aunque existen muchas subculturas dentro de los países, la cultura nacional es la orientación cultural que da forma con más firmeza al modo en que la gente piensa y se comporta.

La otra cultura que más se suelen encontrar los líderes es la cultura organizativa. Las organizaciones e incluso las profesiones tienen sus propios valores, normas y puntos de vista con respecto a la gente y a las diferentes cuestiones. En los negocios tienen un modo distintivo de celebrar los éxitos, motivar a los empleados y narrar sus historias. Lo mismo ocurre en las universidades, hospitales y templos. Y hay infinidad de subculturas con las que podemos encontrarnos día sí y día no, incluyendo las que se organizan en torno a las diferencias generacionales, la orientación sexual, los gremios profesionales, las aficiones, las regiones dentro de cada país, las religiones y muchas más. Cada uno de nosotros es un miembro de numerosos contextos culturales diferentes, y así ocurre también con la gente a la que lideramos.

No somos meros receptores pasivos de cultura en ninguno de estos contextos. La cultura no es algo que simplemente nos sucede; más bien, somos creadores activos de ella. Muchos líderes heredan culturas organizativas con prácticas malsanas y conductas disfuncionales dentro de sus compañías. Es extremadamente desafiante cambiar una cultura organizativa, pero puede hacerse. Y nosotros tenemos un papel a la hora de transformar y adaptar las culturas nacionales de las que somos parte.[4]

Los líderes, más que ninguna otra persona de una organización, necesitan ser conscientes de cómo la cultura modela sus conductas y las de los demás. Wendy, la directora ejecutiva de la organización para niños en riesgo que mencionamos antes, es un gran ejemplo de un líder que está muy al tanto de la influencia de la cultura en el modo en que trabaja. A pesar de los desafíos para su motivación que enfrentó con la expansión a Centroamérica, me mostró una lista de cuestiones para las que estaba tratando de conseguir una respuesta a la hora de pensar en su estrategia para la región. Además, me habló de las diferencias entre los programas que su organización usaba en Nueva York y los que usaba en Los Ángeles. Muchos de los miembros de su junta son ejecutivos de empresa, así que a ellos les presenta el presupuesto y el plan estratégico en un formato completamente diferente al que utiliza con su personal; y aún tiene otra estrategia para los voluntarios y los donantes. Wendy representa a una líder que ver el poderoso papel de la cultura en el modo en que la gente piensa y se comporta.

No todos, sin embargo, están tan convencidos de la relevancia del conocimiento cultural. Jeff, un representante de ventas estadounidense de una gran compañía de fabricación, participó en uno de nuestros estudios para examinar el valor que los directivos de nivel medio le atribuían a la inteligencia cultural. Jeff es un grandullón de cuarenta y dos años oriundo de la parte central de Estados Unidos. Cuando le entrevisté le faltaba menos de una semana para realizar su segundo viaje de trabajo a China para visitar un par de fábricas en Guangzhou donde manufacturaban su línea de productos.

Jeff estaba muy animado mientras interactuábamos. No dejaba de mover las piernas arriba y abajo y golpeaba nervioso los dedos sobre la mesa. Dijo: «Muy bien, no te ofendas. Pero, ¿no es un poco exagerado todo este rollo cultural? Quiero decir que las personas son personas y los negocios son negocios. Probablemente tenga que comer algo raro la semana que viene pero, aparte de eso, no veo grandes diferencias».

Me resistí a saltar en ese momento y escuché mientras Jeff seguía adelante con su línea de razonamiento. Continuando con su rápido discurso, Jeff dijo:

> Tal y como yo lo veo, todo el mundo trata de encontrar el modo de ganarse decentemente la vida y seguir adelante. No me importa si eres chino, mexicano o estadounidense, la gente es más o menos igual. Se preocupan de sus hijos como lo hacemos tú y yo. Saben que tienes que ser agresivo para sobrevivir en este mercado global. Y todo el mundo quiere ganarse bien la vida. Quizá sea cierto que la estrategia de marketing deba adaptarse un poco, pero creo que la fabricación es la fabricación y la venta es la venta, allá donde vayas. ¡Tanto si estás hecho para ello como si no!

Ciertamente, tiene algo de mérito lo que Jeff decía. Hay algunas características universales que compartimos con todo el mundo. La habilidad de un líder para distinguir entre lo que es universal, lo que es cultural y lo que es personal es uno de los indicadores más importantes de la inteligencia cultural. Este discernimiento es el resultado de un conocimiento de la IC básico. Suelo utilizar la metáfora del iceberg para hablar de esta idea. (Mira la Figura 4-1.) La punta del iceberg, visible por encima del nivel del mar, incluye cosas que toda la humanidad comparte de forma universal. Pero cuando empiezas a profundizar te encuentras con que hay un montón de diferencias que son atribuibles a las diferentes culturas y personalidades individuales. Es importante comprender esto. Volveremos a estas tres categorías del comportamiento humano (a lo que es universal, cultural y personal) muchas veces más durante el libro.

Universal

La afirmación de Jeff de que «las personas son personas» tiene una parte de verdad. Hay cosas que compartimos casi todos los seres humanos. Me encanta sentarme en una bulliciosa estación de tren o en un centro comercial y observar a la gente. Incluso en los lugares lejanos donde no conozco a nadie, puedo sentir un grado de conexión simplemente mirando a un padre con sus hijos, a una viajera con sus maletas o una pareja riéndose. Todos tenemos miedos comunes. Todos tenemos necesidades básicas que suplir. Y casi todos los padres cuidan de sus hijos. Es apropiado conocer las características humanas que compartimos casi todos. Estos son los valores universales con los que comenzamos nuestro conocimiento según vamos liderando y relacionándonos.

Figura 4-1. Tres categorías del comportamiento humano

UNIVERSAL

CULTURAL
Artefactos culturales
y sistemas
Arte, ropa, comida, dinero,
costumbres, gestos, etc.

Valores culturales y
suposiciones
Inconsciente, creencias dadas por
hecho, percepciones y sentimientos

PERSONAL

Cultural

Cuando paso de sentir una conexión con un extraño al interactuar con sus hijos a hacer una suposición acerca de su relación basada solamente en mis observaciones, me empiezo a mover en un terreno cuestionable. O si he juzgado el partido de cricket que vi basándome en las reglas del fútbol, seguramente haya malinterpretado lo que ocurría.

Como se ve en la Figura 4-1, parte de lo que compone una cultura es visible. El modo en que la gente conduce, la moneda local, los símbolos religiosos o la manera en que un negocio se proyecta a sí mismo, son cosas que se pueden observar e identificar. Son los ejemplos palpables acerca de las diferencias culturales que existen en una sociedad. Pero las cuestiones más importantes que hay que comprender son los pensamientos, los valores y las suposiciones que descansan bajo la superficie visible. Tal como lo representa el iceberg, bajo la superficie de una cultura están las creencias, valores y suposiciones que rigen el comportamiento.

Si Jeff falla a la hora de ver las profundas diferencias que existen el modo en que piensa y se comporta un compañero de negocios chino comparado con uno estadounidense, seguramente se encontrará con toda clase de obstáculos. Y la ignorancia acerca de estas diferencias que abundan en las plantillas multiculturales que nos rodean nos pone en el camino de un liderazgo ineficaz e irrelevante.

Simplemente consideremos el concepto chino de *guanxi* para pensar por qué Jeff necesita meterse en la cabeza la diferencia cultural. *Guanxi* se refiere a las conexiones y a las obligaciones resultantes que existen entre dos individuos. Se halla, en primer lugar, entre las familias chinas, pero también se da entre compañeros de clase y colegas profesionales a causa de su historia compartida. Deriva en individuos que mantienen con cierta flexibilidad el rastro de los favores que han dado y las deudas adquiridas entre unos y otros. Dada la subyacente presencia del *guanxi* en muchas relaciones chinas, sería sabio por parte de Jeff que aprendiese el significado de los regalos que puedan entregarle sus colegas en Guangzhou como forma de establecer y construir una relación. Las mismas acciones realizadas en casa podrían aparentar ser un soborno o poco más que un gesto simbólico. Pero malinterpretar lo que significa en China podría hacer descarrilar todo lo que Jeff fue enviado a hacer.

La cultura *sí* importa y da forma a como hacemos nuestro trabajo. Un antiguo embajador de Estados Unidos en Yemen y en los Emiratos Árabes describe en su profesión haber visto un flujo continuo de vendedores estadounidenses entrando y saliendo del golfo Pérsico para vender sus bienes y servicios. Demasiado a menudo, veía a los representantes de ventas estadounidenses perder oportunidades frente a sus homólogos británicos, franceses o japoneses porque intentaban utilizar el mismo tono publicitario en Oriente Medio que en su patria. Mientras tanto, observaba cómo muchos hombres de negocios de otros países pasaban más tiempo aprendiendo la cultura e incluso la lengua locales y, como resultado, aseguraban los contratos que perdían sus homólogos estadounidenses.[5]

La cultura está en todas partes. Conforma lo que piensas y lo que estás viendo ahora mismo. Y configura el modo en que *tú* eres visto por la gente de otros contextos culturales. Se habrán hecho suposiciones acerca de Jeff, acertadas o no, sencillamente porque él es un hombre de negocios estadounidense. Un estudio reciente pedía a personas de una gran variedad de lugares de todo el mundo que compartieran sus dos imágenes predominantes de Estados Unidos. ¡Los ganadores fueron la guerra y el programa de televisión *Los vigilantes de la playa*![6] En la era posterior al 11 de septiembre, lleva poco adivinar por qué mucha gente del mundo asocia Estados Unidos a la guerra. En cuanto a *Los vigilantes de la playa*, es el programa de televisión estadounidense más exportado del mundo.[7]

Jeff podría ser un estadounidense pacifista que no tiene ni idea de quién es David Hasselhoff. Pero eso no cambia el hecho de que cuando mucha gente de todo el mundo ve a Jeff con un pasaporte de Estados Unidos automáticamente asuman imágenes de él que tengan que ver con la guerra y *Los vigilantes de la playa*. Yo soy estadounidense, un tipo blanco, padre de familia, con un doctorado y que vive y trabaja en el Medio Oeste. Eso habla acerca de una identidad adulterada con ideas preconcebidas de la gente. Parte de mi aprendizaje de cómo interactuar con destreza con gente de varios contextos culturales es tener cierta idea de cómo ellos me perciben simplemente por los grupos culturales de los que formo parte. El conocimiento de la IC comienza con comprender cómo la cultura nos da forma a nosotros mismos, a los demás y a las percepciones que tenemos unos de otros. La cultura está en todas partes e influye en lo que está pasando. ¿Lo ves?

Personal

En los niveles más profundos del iceberg están nuestras diferencias individuales. Los líderes que funcionan en los niveles más altos de la inteligencia cultural son capaces de ver cuándo el comportamiento de los demás es un reflejo de su trasfondo cultural y cuándo es pura idiosincrasia. Yo hago ciertas cosas que son un estereotipo de cómo se comportan muchos estadounidenses. Y hay muchas características de mí que sería injusto que se generalizasen al resto de compatriotas. Un líder culturalmente inteligente aprenderá a identificar las rarezas y características personales de los individuos frente a aquellas que se ajustan a las normas culturales.

Describir las preferencias y conductas personales como comportamiento cultural es uno de los errores más recurrentes en los que cae la gente durante las interacciones interculturales. Una directiva canadiense me contó que tenía a un indio sij trabajando para ella. Me dijo: «Una de las cosas que he visto de los sijs es que no les gusta viajar. Siempre que le pido al señor Singh que asista a una reunión fuera de la ciudad, me salta con una excusa». Cuando le pregunté si había observado este mismo comportamiento entre otros empleados sijs, ella dijo que el señor Singh era, de hecho, el único sij al que conocía personalmente. Pero supuso que era algo cultural porque, ¿quién no querría salir de Londres, Ontario, de vez en cuando a expensas de la compañía? Presupuso que cualquier conducta inexplicable y desconocida que observara en él debía deberse a su trasfondo cultural. Esto funciona también en el otro sentido. Habrá una norma cultural que venga a ser cierta en la mayoría de los sijs como «Los sijs son gente muy profunda espiritualmente». Sería apropiado considerar si esa norma se aplica al señor Singh. Sin embargo, del mismo modo que su gerente no puede presuponer que cualquier cosa del señor Singh se pueda aplicar a todos los sijs, tampoco puede suponer que cualquier cosa acerca de los sijs se pueda aplicar al señor Singh.

Más adelante tomaremos nota del valor de usar normas y valores culturales como un punto de partida para comprender a los demás. Pero la precaución siempre es necesaria. Se precisa inteligencia cultural para discernir entre lo que es universal, lo que es cultural y lo que es personal. El resto del material del conocimiento de la IC pone en relieve las cuestiones relacionadas con la capa media del iceberg: comprender los sistemas, valores y el lenguaje culturales.

Examina los sistemas culturales básicos

La primera forma de ver más allá de nuestras semejanzas universales es comprender los sistemas culturales: los diferentes modos en que las culturas dirigen las necesidades comunes que comparten todos los humanos. La importancia de estos sistemas se puede pasar por alto fácilmente si no observamos con la debida atención. Vamos a examinar los siguientes sistemas culturales: el económico, el del matrimonio y la familia, el educativo, el legal y político, el religioso y el artístico.

Sistemas económicos: Capitalismo frente a socialismo

Cada sociedad debe ofrecer el modo básico de suplir las necesidades universales de comida, agua, ropa y alojamiento de sus miembros. Comprender cómo una sociedad se ha organizado para producir, repartir y distribuir estos recursos básicos es extremadamente importante para los líderes culturalmente inteligentes. Muchos de nosotros estamos familiarizados con los dos sistemas económicos predominantes en la actualidad: el capitalismo y el socialismo. El capitalismo, que se encuentra en países como Estados Unidos, está basado en el principio de que los individuos obtienen recursos y servicios en la medida de su capacidad para pagarlos. El supuesto que sostiene al capitalismo es que los individuos se sienten motivados para cuidar de sí mismos y el mercado existe para suplir sus necesidades. La competencia se ve como buena para el consumidor y, por extensión, para toda la sociedad. En el otro extremo del espectro está el socialismo, que se encuentra en países como China y Cuba. El estado juega un papel mucho más activo en la producción y distribución de los recursos básicos asegurando que toda la sociedad pueda acceder a ellos con igualdad. Muchos de nosotros tenemos muy claro cuál de estos sistemas es superior, pero debemos tener cuidado con suponer que solamente hay un modo correcto de distribuir los bienes y servicios. Muchas economías de hoy en día son una mezcla de capitalismo y socialismo, y hay una amplia variedad de posibilidades intermedias, particularmente en muchos contextos tribales. No necesitas ser un experto en cómo funciona el sistema económico de cada cultura; pero una conciencia general de cómo se organizan dichos sistemas aumentará tu habilidad para negociar y desarrollar una relación de trabajo fuera de tu propia cultura nacional. Puedes consultar el resumen de la Tabla 4-1 en el futuro para aplicar este conocimiento a tu liderazgo.

Tabla 4-1. Sistemas económicos

Sistemas económicos

La forma básica en que una sociedad se organiza para suplir las necesidades universales de comida, agua, ropa y alojamiento de sus miembros.

Capitalismo:	Socialismo:
Una sociedad creada alrededor de la idea de que los individuos obtienen recursos y servicios basados en su capacidad de pagar por ellos. Las decisiones las conduce el mercado.	Una sociedad en donde el estado coordina e implementa la producción y distribución de los recursos básicos a través del control y la planificación central.

Implicaciones para el liderazgo:

- Considera cómo motivar mejor al personal a la luz del sistema económico predominante. La competición suele ser una estrategia motivacional más efectiva en las sociedades capitalistas y la cooperación en las socialistas.
- Conoce qué industrias de una zona en particular son propiedad del estado y cuáles son privadas. Y permanece alerta, porque incluso algunas compañías privatizadas mantiene una fuerte inversión estatal.
- Cuando tu organización se expanda a un país con un sistema económico diferente, considera qué políticas de recursos humanos necesitarán ser revisadas a la luz de cómo se hacen los seguros de salud y las jubilaciones, cómo analizar el rendimiento y su apropiada compensación.

El sistema del matrimonio y la familia: Parentesco frente a familia nuclear

Cada sociedad tiene también un sistema para saber quién puede casarse con quién, bajo qué condiciones y de acuerdo a qué procedimientos. Del mismo modo, también hay un sistema de cuidado de niños estandarizado en muchas culturas. Los sistemas familiares más descritos son el sistema de parentesco frente al de familia nuclear. Gran parte del mundo está organizado alrededor de sociedades basadas en el parentesco donde la relación basada en la sangre y la solidaridad dentro de la propia familia y clan es central. Esto se llama *parentesco consanguíneo*, donde la identidad descansa en gran parte en el modo en que los individuos están conectados genealógicamente. Las sociedades de parentesco están construidas de familias extendidas donde el hogar a menudo incluye tres o más generaciones.

Por el contrario, el sistema de familia nuclear, a veces llamado *parentesco por afinidad*, se encuentra predominantemente en el mundo occidental y en las clases medias. Normalmente se basa en dos generaciones donde los miembros del grupo están relacionados por el matrimonio. El término *familia* se refiere a los padres y a los hijos y, en esencia, se disuelve con la muerte de uno de los cónyuges. Las sociedades basadas en familias nucleares son lugares donde los empleados están más dispuestos a recoger sus cosas y trasladarse cuando les llega una oportunidad para mejorar en su profesión. Y la identidad de los individuos en estas sociedades suele derivar más de la familia inmediata de cada uno y de la vocación que de la herencia de la familia extendida. Los sistemas de familias nucleares dan un gran valor a las relaciones entre los cónyuges, entre padres e hijos y entre hermanos. Los sistemas familiares juegan un profundo papel en las decisiones que los empleados toman y en las cosas que motivan los mercados potenciales.

Comprender los acercamientos conflictivos a la vida en familia se está convirtiendo en algo cada vez más relevante en el modo en que lideramos. De todos los sistemas culturales, el familiar es considerado, con mucho, como el más importante que necesitamos entender, pero esta información a menudo parece irrelevante para muchos líderes empresariales.[8] Considera por qué un conocimiento básico de estos tipos de diferencias puede ayudar a un líder occidental a tratar de negociar un contrato con un negocio regentado por una familia de etnia china. Muchos de los negocios más exitosos en ciudades como Beijing, Yakarta, Kuala Lumpur y Singapur los llevan líderes de etnia china que reflejan un acercamiento de parentesco a los negocios. Estas compañías las dirige normalmente el patriarca de la familia, que lidera con una autoridad incuestionable y al que ayudan pequeños grupos de familiares y subordinados cercanos. Cuando el dueño se jubila, la compañía suele pasar a la siguiente generación. Estos negocios rara vez ceden el control a agentes externos, y solo otros miembros de la familia son nombrados para formar parte de la junta directiva.[9] Otras compañías multinacionales que trabajan en contextos de Oriente Medio han aprendido la importancia de contar con contratistas conectados a la familia de un jeque local con la intención de conseguir su cooperación y visto bueno. Estos escenarios demuestran la importancia de comprender los sistemas familiares para decidir cómo liderar en contextos sujetos a variación. En el futuro puedes consultar el resumen de la Tabla 4-2 para aplicar este conocimiento a tu liderazgo.

Tabla 4-2. Sistemas familiares

Sistemas familiares
El sistema que una sociedad desarrolla para regular quién puede casarse con quién y las disposiciones sobre el cuidado de niños y ancianos.

Parentesco:	Familia nuclear:
La familia encuentra su identidad en varias generaciones de historia y el hogar normalmente incluye a tres o más generaciones.	La familia está basada en dos generaciones donde los miembros del grupo se relacionan por matrimonio y consiste sobre todo en padres e hijos.

Implicaciones para el liderazgo:

- En las sociedades basadas en el parentesco espera presentaciones que incluyan referencias a hermanos, tíos, padres y abuelos. Aprender acerca de la profesión del padre de un individuo puede ser muy importante. Por el contrario, las presentaciones en las sociedades basadas en la familia nuclear se suelen centrar en el papel vocacional de cada uno y en lo que hace por la organización. Las conversaciones sobre la familia se consideran «personales» y solamente son apropiadas después de haberse conocido un poco mejor.
- Cuando los líderes de un sistema de familia nuclear trabajan con colegas y empleados de un sistema de familia por parentesco, permitir un espacio para las obligaciones familiares será importante a la hora de reclutar y retener el talento.
- Cuando los líderes de un sistema de familia por parentesco trabajen con colegas y empleados de un sistema de familia nuclear, sean conscientes de que ellos pueden no ver la importancia de escuchar y compartir información acerca de las relaciones de la familia extendida durante una presentación inicial.

Sistemas educativos: Los estudios formales frente a los informales

Las sociedades también desarrollan patrones para el modo en que sus miembros más antiguos transmiten sus valores, creencias y conductas a su descendencia. Esos patrones están en el núcleo de cómo las sociedades desarrollan sistemas para educar y socializar a sus jóvenes. En la actualidad, gran parte del mundo se dirige hacia una educación formalizada donde los jóvenes se socializan a través de las escuelas, los libros y los maestros profesionales. Pero muchas culturas todavía le dan tanto o incluso más énfasis a la educación informal que proviene de padres, hermanos mayores y los miembros de la familia extendida. Una diferencia significativa entre los muchos enfoques educativos es el uso del aprendizaje mediante la memorización por repetición, donde se espera que los estudiantes reciten la información aprendida, frente al desarrollo de las capacidades analíticas.

Los líderes provenientes de Asia a menudo se sienten frustrados con las limitaciones que perciben entre los occidentales para memorizar y retener la información. Ven cómo los occidentales luchan por sintetizar las partes individuales en un todo. La misma frustración tiene lugar entre los occidentales cuando sus intentos de análisis tropiezan con la resistencia de sus homólogos interculturales. La comprensión del sistema educativo en una cultura en particular puede mejorar el modo en que diriges las reuniones, creas asociaciones y promociones, capacitas y amplías personal. En el futuro, puedes consultar el resumen de la Tabla 4-3 para aplicar este conocimiento a tu liderazgo.

Tabla 4-3. Sistemas educativos

Sistemas educativos	
Los patrones de cómo los miembros más antiguos de una cultura transmiten sus valores, creencias y conductas a su descendencia.	
Formal:	**Informal:**
La utilización de escuelas, libros y maestros formados profesionalmente para educar a la juventud.	El énfasis en la sabiduría pasa a la juventud desde los miembros de la familia extendida, los padres y los hermanos.

Implicaciones para el liderazgo:

- Desarrolla y adapta los programas de formación para empleados mediante el entendimiento de los sistemas educativos y las preferencias de la gente de diferentes culturas. Algunos métodos de aprendizaje pueden resultarles muy extraños o incómodos a individuos de ciertas culturas.
- Busca comprender el grado en el que se evalúa la investigación académica y formal en comparación con la sabiduría tradicional en las formas en que tú motivas, negocias y promocionas tu trabajo.
- Cuando busques desacreditar un mito o avanzar hacia una nueva idea, entiende la fuente primordial de socialización en una cultura (por ejemplo, la experiencia de los veteranos frente a los estudios académicos).

Sistemas políticos y legales: Las leyes formales frente a la guía informal

La mayoría de culturas desarrollan sistemas para mantener el orden y asegurar que los ciudadanos no violen los derechos de los demás en la sociedad. Esto da como resultado el sistema legal de una sociedad, que está fuertemente ligado al gobierno de un lugar en particular. En sitios como Estados Unidos hay un sistema legal formal gobernado por una constitución escrita y por medio de leyes locales, estatales y federales. Sin embargo, muchas sociedades de menor envergadura, tecnológicamente simples, menos formalizadas y complejas, también tienen modos eficaces de controlar las conductas.

Muchas empresas se han frustrado en gran manera tratando de saber cómo mantener buenas relaciones laborales entre los empleados y con los oficiales locales por ignorar cómo funciona el sistema de gobierno. Uno de los mayores errores que cometen los líderes que visitan diferentes países es suponer que los sistemas de gobierno funcionan más o menos como en su casa. Por otro lado, otra respuesta típica es asumir que un sistema legal es corrupto o inferior solo por ser diferente. Comprender y respetar el sistema legal de una sociedad mejorará de forma significativa la habilidad para trabajar con eficacia en esa cultura.

También es importante ser consciente de que a veces suceden variaciones incluso dentro del sistema legal determinado de una nación. Por ejemplo, Estados Unidos tiene algunas leyes universales que gobiernan el país, pero hay muchas cuestiones que aún siguen regidas por cada uno de los estados y ciudades. Muchos otros países tienen variaciones similares entre diferentes distritos, provincias y regiones. En algunos contextos, las leyes se aplican de forma diferente según los grupos étnicos dentro de una sociedad. Por ejemplo, Malasia, un estado islámico, tiene diferentes normas para sus ciudadanos indígenas malayos y para los ciudadanos descendientes de indios o chinos. Una compañía estadounidense que operaba en Kuala Lumpur empezó a ofrecer clases de yoga para sus empleados durante la hora del almuerzo. La clase la dirigía un instructor estadounidense, y era un modo de ofrecer a sus empleados un ejercicio holístico. Hubo una participación entusiasta de mucho personal chino e indio; sin embargo, ningún malayo, la población predominante del país y de aquella compañía, fue nunca a yoga. Al final, los propietarios estadounidenses descubrieron que para los malayos es ilegal practicar yoga por la inquietud de que los elementos del hinduismo contenidos en el ancestral ejercicio pudieran corromper la fe musulmana. Una vez más, no es necesario que todos los líderes tengan una comprensión profunda de todas las estructuras legales específicas, pero tomar en cuenta la importancia de cómo esos sistemas afectan al modo en que se trabaja es esencial. En el futuro, puedes consultar el resumen de la Tabla 4-4 para aplicar este conocimiento a tu liderazgo.

Tabla 4-4. Sistemas legales

Sistemas legales	
Los sistemas que desarrolla una sociedad para proteger los derechos de los ciudadanos.	
Formal:	**Informal:**
Un sistema muy formalizado, detallado en cosas como una constitución escrita y leyes.	Aunque menos formalizados, los sistemas legales simples todavía siguen vigentes y se transmiten por medio de la sabiduría tradicional. Se supone que los ciudadanos y los visitantes comprenden y siguen las reglas.
Implicaciones para el liderazgo:	

- Recluta a expertos locales que te ayuden a negociar con oficiales legales y del gobierno.
- Toma un tiempo para aprender qué leyes son relevantes para tu trabajo en un lugar determinado.
- Averigua qué prácticas no escritas deberían usarse o evitarse con los oficiales legales. Por ejemplo, dar un regalo a un oficial del gobierno será esencial en algunas culturas, pero puede hacer que te arresten en otras.

Sistemas religiosos: La razón frente a la mística

Cada cultura desarrolla una forma de explicar lo que de otro modo parece inexplicable. ¿Por qué le suceden cosas malas a la gente buena? ¿Cómo es posible que un conductor borracho sobreviva a un accidente mientas que un inocente perece? ¿Por qué los tsunamis matan a ciertas personas mientras que otros consiguen escapar? No hay convenciones uniformes para responder a estas preguntas, pero todas las sociedades ofrecen una diversidad de creencias sobrenaturales y religiosas para aquello que va más allá del entendimiento humano. Hay que reconocer que hay muchas diferencias en la mayoría de culturas acerca de cómo los individuos y sus religiones contestan preguntas como estas. Una de las diferencias distintivas de cómo muchas culturas organizan sus sistemas de creencias sobrenaturales está enraizada en el grado en que aceptan los enfoques racionales y científicos para contestar lo inexplicable frente a una perspectiva más espiritual y mística de la vida. Los enfoques racionales suelen poner más énfasis en la responsabilidad individual y el trabajo ético, mientras que las visiones más místicas otorgan un alto grado de confianza en los poderes sobrenaturales, tanto buenos como malos.

Las creencias religiosas y sobrenaturales pueden dar forma a las actitudes relacionadas con el trabajo de un modo muy profundo. Max Weber, considerado el fundador de la sociología, analizó la relación entre el protestantismo y el capitalismo. El capitalismo se rige, en parte, por un trabajo ético protestante, que es predominante en las sociedades occidentales y enfatiza el trabajo duro, la diligencia y la frugalidad con la intención de acumular capital. Se da por hecho que este enfoque será el mejor para la sociedad. La idea clave es: *una sociedad no sobrevivirá sin esperar que la gente trabaje duro para ella.*[10]

Por el contrario, el Islam enfatiza la caridad hacia los pobres y toma rigurosas medidas para asegurarse de que los beneficios lucrativos no se realizan a expensas de los pobres. Como resultado, muchos bancos islámicos prohíben cargar intereses en los préstamos porque los beneficios resultantes de los intereses se consideran bienes abusivos provenientes de los pobres. El trabajo empresarial innovador en el contexto islámico ha tomado esta realidad en cuenta cobrando una retribución por adelantado en vez de cobrar intereses. Las firmas no islámicas que trabajan en países islámicos necesitan tener un conocimiento básico de estas prácticas.[11]

Una empresa estadounidense abrió su oficina en Tailandia un tramo por encima de una estatua de Buda. Solo después de varios meses sin que prácticamente hubiera negocio, se dieron cuenta de que nadie iba a la oficina porque el negocio violaba una regla sagrada: nadie puede ponerse nunca por encima de Buda, ¡literalmente! Después de moverse a una nueva localización, el negocio comenzó a tener éxito. En otro lugar, una multinacional japonesa fue pillada con la guardia baja acerca del grado en que las creencias religiosas afectaban a su expansión global. La empresa decidió construir una fábrica en un trozo de tierra de la Malasia rural que antiguamente había sido un cementerio para los pueblos aborígenes que habían vivido en la región. Una vez construida la fábrica, la histeria colectiva se expandió entre los trabajadores de origen malayo. Muchos empleados afirmaban que habían sido infectados por una posesión espiritual. Al poner la fábrica sobre antiguos cementerios creían que esta había perturbado la tierra y despertado a los espíritus, que entraron en tropel en las instalaciones.[12]

No podemos subestimar el poderoso papel de las creencias y prácticas religiosas en el modo en que trabajamos en diferentes lugares. Para los líderes occidentales, que a menudo son considerados cristianos aunque no lo sean, una conversación respetuosa acerca del resto de las grandes religiones demostrará un importante respeto cuando interactúe con líderes de otras partes del mundo. No tienes que abandonar tus convicciones religiosas para expresar honor y aprecio por los puntos de vista y las prácticas de los demás. Este es uno de los puntos fundamentales que debemos comprender acerca de la inteligencia cultural. No estamos interesados en abandonar nuestras convicciones, valores o suposiciones. En vez de eso, estamos buscando comprender y respetar las creencias y prioridades de los demás. En el futuro puedes consultar el resumen de la Tabla 4-5 para aplicar este conocimiento a tu liderazgo.

Tabla 4-5. Sistemas religiosos

Sistemas religiosos
La forma en que una cultura explica lo sobrenatural que de otro modo sería inexplicable.

Racional:	Místico:
El énfasis está en encontrar respuestas basadas en la razón científica para lo sobrenatural con un enfoque en la responsabilidad individual y el trabajo ético.	El énfasis está en los poderes sobrenaturales, tanto buenos como malos, que controlan los sucesos del día a día y la vida.

Implicaciones para el liderazgo:

- Sé respetuoso al hablar de tus creencias religiosas y descubre aquello que pudiera resultar ofensivo para alguien a la luz de sus creencias religiosas personales. Está alerta ante las cosas potencialmente más ofensivas con respecto a las creencias religiosas de una cultura y busca evitar esas prácticas.
- Conviértete en un estudioso del modo en que los valores religiosos y las creencias sobrenaturales afectan las decisiones financieras, de gestión y de marketing que realiza una organización en una cultura en particular.
- Investiga la fechas religiosas clave. Evitar abrir un nuevo negocio en China durante el festival de los fantasmas o durante Diwali en India. Del mismo modo que no planearíamos una importante reunión de negocios durante la Navidad en el mundo occidental, aprende qué fiestas religiosas debes evitar en otras localizaciones.

Sistemas artísticos: Lo sólido frente a lo fluido

Por último, cada sociedad desarrolla un sistema de estándares estéticos que se manifiestan en todas las cosas, desde el arte decorativo, la música y la danza hasta la arquitectura y la planificación de edificios y comunidades. Hay muchas maneras de examinar los sistemas artísticos. Un modo de verlo es observar el grado en el cual la estética de una sociedad refleja líneas claras y límites sólidos frente a otras que reflejan formas fluidas. Muchas culturas occidentales favorecen los límites claros y fuertes mientras que muchas culturas orientales prefieren líneas fluidas y borrosas.

En muchos hogares occidentales, los cajones de la cocina se organizan de tal modo que los tenedores están con los tenedores y los cuchillos con los cuchillos. Las paredes de una habitación suelen ser de un color uniforme y cuando hay un cambio creativo de color, suele ocurrir en una esquina o en línea recta a mitad de camino de la pared. Los cuadros están enmarcados con bordes rectos, las molduras cubren las junturas de la pared y el césped está bien delimitado para dejar clara la separación con el sendero. ¿Por qué? Porque vemos la vida en términos de clasificaciones, categorías y taxonomías. Y la pulcritud en sí misma está en gran parte definida por el grado de orden que existe. Tiene poco que ver con la higiene y mucho con si las cosas parecen estar en el lugar correcto.

Mantener los límites es esencial en el mundo occidental; de otro modo, las categorías se comienzan a desintegrar y el caos se establece.[13] Muchos estadounidenses quieren un césped libre de dientes de león y carreteras con una líneas claras que indiquen por dónde se debe conducir y por dónde no. Los hombres llevan corbatas para cubrir los bordes colindantes de la tela en las camisas que se ponen para ir a un concierto donde escuchan música clásica basada en una escala de siete notas y cinco semitonos. Cada nota tiene un tono fijado, definido en términos de la longitud de las ondas sonoras que produce.[14] Cuando el músico hace sonar las notas con precisión, ha sido una buena interpretación.

Por el contrario, a muchas culturas orientales les importan bien poco los límites marcados y las categorías uniformes para el día a día. Utilizan diferentes colores para pintar la misma pared. Y la pintura bien puede «salpicar» el cristal de la ventana y el techo. Las comidas son un fascinante despliegue de ingredientes donde los alimentos se disfrutan mejor mezclándolos en tu plato. Las carreteras y los patrones de conducción son flexibles. Los carriles dependen del volumen del tráfico. En un lugar como Camboya o Nigeria, el espacio de la carretera está disponible para el vehículo que lo necesite más, sea cual sea su dirección o la hora del día. Y la gente a menudo serpentea por la carretera con sus vehículos del mismo modo que caminarían por un sendero.

Hay muchas otras formas de contrastar la estética entre un lugar y otro. Pero lo importante es una comprensión básica de cómo las culturas difieren dentro de esa esfera. Sumérgete en el arte local de un lugar y úsalo para documentar tu estrategia para una empresa internacional. En el futuro puedes consultar el resumen de la Tabla 4-6 para aplicar el conocimiento artístico a tu liderazgo.

Tabla 4-6. Sistemas artísticos

Sistemas artísticos	
El acercamiento de la sociedad a la estética general: desde el arte decorativo, la música y la arquitectura hasta la planificación urbanística.	
Sólido: Preferencia por los límites claros y concisos que enfatizan la precisión y las líneas rectas.	**Fluido:** Preferencia por unas líneas más fluidas y borrosas con énfasis en los cambios y la flexibilidad.
Implicaciones para el liderazgo:	

  - Determina si necesitas alterar la combinación de colores, la lógica de navegación y los símbolos de tu página web para diferentes regiones. Lo que puede parecer una navegación clara en tu cultura puede ser muy confusa en otro lugar.
  - Ten cuidado con dar por supuesto que los símbolos o logos se pueden aplicar universalmente en todos los contextos culturales. Haz tus deberes y averigua cómo se reciben los símbolos en los lugares donde trabajas.
  - Aprende qué iconos culturales se veneran. Por ejemplo, el uso inapropiado de leones o de la Gran Muralla cuando se comercia con China puede erosionar tu credibilidad.

Entender estos sistemas culturales básicos y algunos modos generales en que funcionan en varias culturas es una parte clave del conocimiento de la IC. Aunque sea visible, es fácil perderse la importancia y la relevancia de dichos sistemas si no tomamos tiempo para considerarlos. Como quedó demostrado con el diagrama del iceberg (véase la Figura 4-1), siempre habrá individuos dentro de una cultura que se aparten de las normas culturales de la estética o de cualquiera de los otros sistemas.

Conclusión

El conocimiento de la IC comienza con la comprensión del papel de la cultura en los pensamientos, actitudes y comportamientos de la gente. Hay que aprender a discernir lo que es universal en todos los humanos, lo que es atribuible a culturas específicas y lo que es idiosincrásico a los individuos. Después tenemos que hacernos con una idea básica de los sistemas que desarrollan las culturas para gestionar la economía, la educación, los asuntos legales, las religiones y la expresión artística. En el capítulo 5 echaremos un vistazo a dos modos más de desarrollar el conocimiento de la IC: aprender los valores culturales y el lenguaje.

CAPÍTULO 5

CAVA POR DEBAJO DEL TERRENO: EL
CONOCIMIENTO DE LA IC (SEGUNDO PASO,
PARTE B)

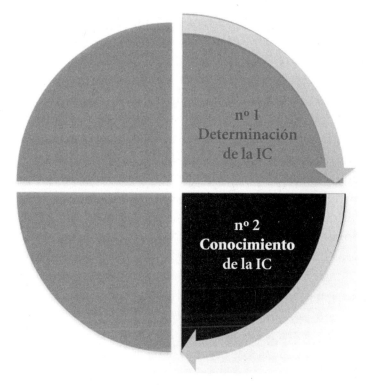

E l viaje hacia una creciente inteligencia cultural continúa. El conocimiento de la IC es el segundo del ciclo de cuatro pasos hacia ella.
Como se describe en el capítulo 4, el conocimiento de la IC se refiere a
nuestro nivel de comprensión de las distintas culturas y del modo en
que estas difieren. El capítulo 4 analiza dos formas de desarrollar este
conocimiento: 1) ver el papel de la cultura en ti mismo y en los demás
y 2) analizar los sistemas culturales básicos. Este capítulo explica dos

modos más de desarrollar este conocimiento: 3) aprender los valores culturales básicos y 4) entender los diferentes lenguajes.

Aprende los valores culturales básicos

Indudablemente, verás una conexión entre lo que una cultura valora y los sistemas culturales (por ejemplo, el económico, el estético, el legal) que analizamos en el capítulo 4. Los valores culturales son lo que más se enfatiza cuando se enseña a la gente acerca del liderazgo intercultural. ¿Cómo enfoca alguien de México el tiempo, o la autoridad, comparado con alguien de Alemania? Aunque los valores culturales son solamente un factor a la hora de ser un líder eficaz en nuestro mundo multicultural, son una parte importante para construir nuestro repertorio de IC.

Dada la abundancia de libros dedicados a describir estos valores, solamente echaremos un breve vistazo a aquellos que son más relevantes para los líderes. Los valores culturales cobran mayor importancia cuando se yuxtaponen a nuestra orientación personal. Vamos a ver cinco escalas utilizadas para comprender y medir las diferencias culturales entre una nación y otra: tiempo, contexto, individualismo, distancia de poder y evitación de la incertidumbre. En mi experiencia, estos son los más útiles para desarrollar el conocimiento de la IC en el contexto del liderazgo. Estos valores culturales reflejan estereotipos nacionales de cómo mucha gente de un respectivo país funciona. Los estereotipos, aunque potencialmente peligrosos, son un buen punto de partida siempre y cuando sean descriptivos y no sentenciosos. Si estamos abiertos a esperar variabilidad entre la gente de una misma cultura (por ejemplo, que algunos mexicanos son por lo general puntuales y están centrados en sus tareas mientras que otros muchos están más interesados en las relaciones que en llegar a tiempo), los estereotipos neutrales basados en los valores culturales que siguen merecen la pena. Este es uno de los modos de abordar el desafío lanzado antes: discernir entre lo que es cultural y lo que es personal. En la Tabla 5-1 se provee un muestreo de dónde quedan algunos países en estos cinco valores.

Tabla 5-1. Valores culturales de regiones y países[1]

País o región	Orientación de la hora	Contexto alto vs. bajo	Indivi-dualismo	Distancia de poder	Evitación de la incer-tidumbre
África oriental	Acontecimiento	Alto	27	64	52
Australia	Reloj	Bajo	90	36	51
Brasil	Acontecimiento	Alto	38	69	76
Canadá	Reloj	Bajo	80	39	48
China	Reloj	Alto	20	78	37
Estados Unidos	Acontecimiento	Alto	91	40	46
Francia	Reloj	Medio	72	68	86
Gran Bretaña	Reloj	Medio	89	35	35
Hong Kong	Reloj	Alto	25	68	29
India	Acontecimiento	Alto	48	77	40
Israel	Acontecimiento	Bajo	54	13	81
Japón	Reloj	Alto	46	54	92
Malasia	Acontecimiento	Alto	26	104	36
México	Acontecimiento	Alto	30	81	82
Países árabes	Acontecimiento	Alto	38	80	68
Rusia	Reloj	Alto	38	95	97
Singapur	Reloj	Alto	20	74	n/d
Sudáfrica	Reloj	Alto	65	49	49
Tailandia	Reloj	Alto	20	64	64

NOTA: La puntuación está basada en una escala de 1 a 120; 120 es el grado más alto del valor (por ejemplo, un 120 en individualismo sería una cultura extremadamente individualista y un 1 una cultura totalmente colectiva).

La hora del acontecimiento frente a la hora del reloj

Algunos norteamericanos suelen decir cosas como: «¡Va con la hora *latina*!» Y suelen decirlo en un tono peyorativo. Cambia la palabra *latina* por cualquier otra cultura que no comparta la obsesión del mundo industrializado por la puntualidad y así podrás deducir lo que significa esta declaración. El mundo occidental tiene una larga historia definiendo el éxito a la luz de todo lo que se produce y se consume. Como resultado, la gente de Occidente, las culturas industrializadas, viven con *la hora del reloj*. La puntualidad y la eficacia gobiernan el día. El reloj es lo que determina cuándo se comienza y se acaba. El respeto, la excelencia y la diligencia están todas comunicadas por la puntualidad.

Por el contrario, otras culturas están más interesadas en enfatizar la prioridad y obligación de las relaciones sociales. A estas a menudo se les dice culturas que viven con *la hora del acontecimiento*. Los eventos comienzan y terminan cuando todos los participantes sienten que es la hora en vez de por la imposición artificial del reloj. La espontaneidad es un valor central entre los individuos de este contexto.

Todos estamos muy familiarizados con esta clase de diferencias. Los desafíos que provienen de encontrarse con alguien con una orientación del tiempo diferente van más allá de la puntualidad, sin embargo. Tiene que ver con el modo en que colaboramos y planificamos interculturalmente con otros líderes. Marcelo es el líder de una gran organización en Brasil. Él y yo estuvimos trabajando en el desarrollo de un programa de formación de líderes para algunos de sus directivos. Tuvimos la oportunidad de tomar un breve almuerzo juntos mientras ambos asistíamos a una conferencia en Ámsterdam. Marcelo es un hombre grande, con unos ojos marrones saltones, una oscura y gruesa mata de pelo y una personalidad sociable. Solamente teníamos una hora para comer y hablar y después yo debía tomar un tren hacia el Aeropuerto de Schiphol. Después de varios minutos de escucharle hablar de su familia, traté de hacer la transición hacia la necesidad que teníamos de saber con claridad dónde íbamos a lanzar el programa de capacitación en el que habíamos estado trabajando juntos. Marcelo siguió hablándome de su hija Renata, halagando el pan con queso que estábamos comiendo y preguntándome por mis hijos. Yo seguí intentando amablemente regresar al tema central de la cita, ante lo cual solo recibí respuestas vagas y ambiguas.

No es que no me diera cuenta de lo que estaba ocurriendo, aunque tampoco estaba consiguiendo lo que sentía que debíamos aclarar. Pero una comprensión de los diferentes modos en que vemos el tiempo era un punto clave para el entendimiento. Yo tenía la expectativa poco realista de tratar de hacer que Marcelo avanzase un asunto de la agenda cuando en realidad apenas habíamos tenido tiempo suficiente para ponernos al día en lo social.

La diferencia en la orientación del tiempo se hace más evidente entre distintas culturas nacionales. Pero las culturas organizativas también tienen sus propios modos de valorar el tiempo. Tener en cuenta que las culturas están orientadas de forma diferente hacia el tiempo es otra forma de construir nuestro conocimiento de la IC. Toma nota del resumen de la Tabla 5-2.

Tabla 5-2. La hora del acontecimiento frente a la hora del reloj

Valor	Orientación a la hora del acontecimiento	Orientación a la hora del reloj
Descripción	Enfatiza las relaciones sociales Valora la espontaneidad	Enfatiza la puntualidad, el ser diligente Valora la eficacia
Ejemplos	Brasil India Emiratos Árabes	Australia China Estados Unidos

---

Implicaciones para el liderazgo:

- Para aquellos que provienen de una cultura basada en la hora del reloj, estén dispuestos a pasar tiempo construyendo relaciones a largo plazo. Deja márgenes y flexibilidad en tu agenda para estos intereses.
- Para aquellos que provienen de una cultura basada en la hora del acontecimiento, estén alerta a la urgencia que sienten para aprovechar la oportunidad y cerrar un asunto. Encuentra modos de comunicar tu necesidad de más tiempo a la vez que ofreces fechas límite concretas.
- Descubre si la cultura con la que estás trabajando está más centrada en el pasado, en el presente o en el futuro.

Contexto alto frente a contexto bajo

Después de finalizar mi rápido almuerzo con Marcelo, me dirigí al aeropuerto. El Aeropuerto de Schiphol está hecho para viajeros como yo. En todas partes hay una señalización clara, lo que refleja una orientación de valores llamada *contexto bajo*. Una cultura de contexto bajo es un lugar donde se dejan pocas cosas por suponer, de modo que todo se detalla minuciosamente. Por el contrario, las culturas con un *contexto alto* son lugares donde la gente comparte una historia significativa, y por lo tanto se puede dar por sentado una gran cantidad de conocimiento. En una cultura de contexto alto las cosas se hacen como si todo el mundo formara parte de ella y supiera cómo comportarse. Apenas se escriben instrucciones o se dan direcciones explícitas, porque la mayor parte de la gente sabe qué hacer y cómo pensar.

Probablemente nuestras familias son los ejemplos más tangibles de ambientes de contexto alto. Después de pasar años juntos, conocemos las reglas no escritas de lo que hay que comer, cómo celebrar las fiestas y cómo comunicarnos unos con otros. En muchos de nuestros lugares de trabajo ocurre lo mismo. Sabemos cuándo presentar las solicitudes de pago, cómo publicitar un evento y cómo vestirnos los viernes «informales». Los nuevos empleados que se unen a esta clase de organizaciones se pueden llegar a sentir perdidos sin una orientación adecuada. Y muchos servicios religiosos son también de contexto muy alto. La gente se pone de pie de forma rutinaria, se inclina o recita credos que suenan muy extraños y confusos para alguien que acabe de unirse a una comunidad religiosa. Distinguir si una cultura provee comunicación directa y explícita frente a otra que asume un alto grado de información compartida es un punto estratégico del conocimiento. Y los líderes necesitan tener en mente las áreas de su propia organización y cultura nacional que son de contexto alto y cómo afectan a los recién llegados.

En lugares de contexto alto como Latinoamérica, Corea y Oriente Medio, es mucho más probable que la información se dé por supuesta y aprendida en vez de ser formulada explícitamente. No hay muchas señales ni información detallada acerca de cómo actuar. Las culturas de contexto alto son, a veces, lugares difíciles de visitar como forasteros. Esta es una de las razones por las que es tan importante la socialización y el turismo del que hablamos como parte del desarrollo de la determinación de la IC. Aprender el modo en que una cultura cuenta su historia y observar qué elige enfatizar le ofrece a los de fuera una mirada a un lugar donde la mayor parte de las cosas se dan por supuestas.

La mayoría de culturas nacionales en Europa y Norteamérica entran dentro de la categoría de contexto bajo. Gran parte de nuestras conexiones con la gente y los lugares son de corta duración; por lo tanto, se supone poco. Las instrucciones acerca de dónde aparcar, cómo descargar la cisterna del váter y dónde pedir tu comida a menudo se manifiestan con claridad. Es más fácil acceder a las culturas de contexto bajo que a las de contexto alto, porque aunque seas de fuera, mucha de la información que necesitas para participar se expone de forma explícita. Se le da especial atención al ofrecimiento de información acerca de cómo actuar. Toma nota del resumen de la Tabla 5-3.

Tabla 5-3. Contexto bajo frente a contexto alto

Valor	Contexto bajo	Contexto alto
Descripción	Enfatiza explícitamente las palabras Valora la comunicación directa	Enfatiza los roles y la comprensión implícita Valora la comunicación indirecta
Ejemplos	Estados Unidos Israel Australia	Brasil China Emiratos Árabes

Implicaciones para el liderazgo:

- Para los individuos de una cultura de contexto bajo, traten de no ridiculizar un lugar que no «se preocupa» por rotular sus calles o en proporcionar instrucciones explícitas.
- Para individuos de culturas de contexto alto, sean sensibles con sus huéspedes de contexto bajo proveyéndoles de instrucciones más precisas de las que normalmente ofrecerían a un colega de su propia cultura.
- Encuentra un modo de conseguir la comprensión y la comunicación necesarias. Desarrolla una estrategia para encontrar la forma en que te sientas más cómodo.

Individualismo frente a colectivismo

Peter era uno de los seis australianos enviados por una empresa de marketing con base en Sídney para establecer una sucursal en Shanghái. Los seis tenían una gran variedad de aptitudes que incluían el diseño de webs, las artes gráficas y la escritura. Inicialmente, Peter fue nombrado director regional de la oficina de Shanghái. Aunque los seis especialistas en marketing eran australianos, se le asignó a Peter contratar personal local para llenar algunos de los puestos de apoyo. Y dado que sus propios intereses vocacionales estaban más orientados hacia el lado creativo de las cosas, quería encontrar a alguien autóctono para que se convirtiera en el director de la oficina con el potencial de promoverlo a director regional.

Seis meses después de que Peter se trasladara a China, lo entrevisté. Peter tiene una desbordante personalidad que te hace sentir como si fueras un viejo amigo de la infancia tan pronto como le conoces. Empezó a contarme acerca de su designación para contratar talentos locales, pero se sentía como si estuviera en un callejón sin salida. Se las había arreglado para contratar a unos pocos empleados de apoyo para ayudar con las tareas de oficina y administrativas, pero no podía encontrar a nadie a quien considerar seriamente para el puesto de director de la sucursal. Sabía que estaba ofreciendo un mejor salario y más prestaciones que otras compañías en Shanghái Y estaba siendo explícito con los posibles candidatos acerca de su interés por promover a la persona contratada para el puesto de director regional. Le habían dado montones de buenas referencias que le habían conducido a cierto número de personas que con mucho gusto hubiera contratado. Aunque todas las personas con las que contactó expresaron su gratitud por ser consideradas para el puesto, todas ellas prefirieron continuar con sus empleos actuales.

El valor cultural del individualismo frente al colectivismo podría explicar lo que ocurre aquí. Australia es una de las culturas más individualistas del mundo. Se espera que los empleados de culturas individualistas como Australia, Estados Unidos y Reino Unido persigan cada oportunidad que se les presenta para conseguir un trabajo y un sueldo mejores. Estas culturas están gobernadas en gran parte por un compromiso a hacer lo que es mejor para el individuo siempre y cuando no infrinja los derechos del resto. Peter estaba seguro de que uno de aquellos entrevistados aprovecharía la oportunidad. Al contrario que en Australia, China es la cultura más colectivista del mundo. Estas culturas enfatizan la dedicación y la lealtad al grupo, incluyendo el «grupo» familiar, el «grupo» religioso y el «grupo» laboral. Los trabajadores chinos le conceden un alto grado de lealtad a sus jefes y, a cambio, esperan el soporte y la lealtad de su compañía, aunque la creciente crisis de talentos en China está empezando a desafiar ese valor. Aquí, de nuevo, hay una forma del *guanxi*. El compromiso es lo mejor para el grupo. He tenido amigos chinos que me contaban cómo toda su educación estuvo llena de mensajes de sus padres que continuamente les decían cosas como: «Aquel que destaca en el grupo es como el árbol que sobresale en el bosque, ¡y será cortado de cuajo! Mézclate. ¡No avergüences a tu familia!»

Además, las culturas colectivas son lugares donde salvar las apariencias tiene mucho valor. El miedo a quedar en evidencia o a sentir vergüenza es tan innato en las culturas colectivistas como el respirar. Es una fuerza primordial que hay detrás de muchas interacciones o, por lo menos, es el principio bajo cuyo prisma se determinan las decisiones más apropiadas. Más tarde Peter contactó conmigo y me dijo que había encontrado un modo creativo de enfrentar aquel punto muerto a la hora de contratar personal de apoyo. Había desarrollado una asociación con una compañía con sede en Shanghái que ofrecía la clase de servicios que Peter y sus colegas necesitaban. Aquella compañía había accedido a que, en un momento dado, la firma de Peter pudiera buscar contratar a uno de sus empleados para convertirse en el jefe. A través de esta asociación él encontró a un genio de la administración que no se sentía forzado a ser desleal mientas hablaba con Peter acerca de la posibilidad de ser promovido al puesto de director de la oficina.

Cuando McDonald's comenzó a abrir restaurantes en India, otra cultura muy colectivista, pronto aprendieron que tenían que adaptar su programa de «empleado del mes». Ser distinguido con recompensas por un trabajo excelente es una gran motivación en muchas culturas individualistas. Pero es un factor desmotivador en un lugar donde te socializas mezclándote. McDonald's adaptó con sabiduría su programa de incentivos haciendo que fuera el equipo o el restaurante del mes. Comprender la fuente primaria de identidad (el individuo o el grupo) es una perspectiva que determinará la eficacia intercultural.

La mayoría del mundo es colectivista, pero la mayoría de los negocios y la literatura de liderazgo está escrita por individualistas. Es fácil suponer que las perspectivas individualistas son más normativas. Pero lo contrario también es verdad. Comprender las implicaciones de este valor cultural es esencial para incrementar nuestro conocimiento de la IC. Toma nota del resumen de la Tabla 5-4.

Tabla 5-4. Individualismo frente a colectivismo

Valor	**Individualismo**	**Colectivismo**
Descripción	Enfatiza el «yo» y la identidad individual Prefiere las decisiones individuales y el trabajo en solitario	Enfatiza el «nosotros» y la identidad del grupo (por ejemplo, familia, trabajo, organización, tribu) Prefiere las decisiones grupales y trabajar con otros
Ejemplos	Estados Unidos Australia Reino Unido	China Colombia Emiratos Árabes

Implicaciones para el liderazgo:

- Aprende cómo motivar a tus empleados. Aquellos que provienen de una cultura individualista se sentirán más motivados por los incentivos individuales, mientras que los de culturas colectivistas lo estarán por ver a su grupo de trabajo tener éxito.
- Aquellos de culturas individualistas necesitan comprender la importancia de las relaciones a largo plazo y las conexiones con un tercero cuando trabajen con individuos de culturas colectivistas.
- Aquellos de culturas colectivistas necesitan comprender que una asociación con una organización de una cultura individualista bien puede desarrollarse principalmente por medio de uno o dos individuos.

Diferencias entre una gran y una pequeña distancia de poder

Permite que te explique el siguiente valor, *la distancia de poder*, llevándote conmigo a India por un momento. Una mañana, cuando me preparaba para comenzar un módulo de formación de tres días en Delhi, tuve una interesante interacción con mi anfitrión, Sagar.

Dave: ¿Están todos los materiales de la formación impresos y listos, Sagar?

Sagar: ¡Oh, sí! Están en la copistería de aquí al lado. Solo hace falta traerlos.

Dave: ¡Genial! Iré por ellos.

Sagar: No, no. Enviaré a alguien por ellos.

Dave: Es muy amable de su parte, Sagar, pero no me importa. Puedo aprovechar y hacer ejercicio tras el largo vuelo. No hay problema. Iré aquí al lado por ellos y regresaré en un momento.

Sagar: Por favor, espere aquí un momento. Beberemos una taza de té y haré que alguien los traiga.

¿Qué estaba pasando aquí? ¿Estaba Sagar tratando simplemente de ser un anfitrión cortés? ¿Debía insistir en ir yo mismo por los materiales? ¿Estaba tan centrado en la tarea que estaba desdeñando el hecho de que Sagar sencillamente quisiera tomar un té conmigo? ¿O era que intentaba salvar su pellejo y evitar que yo supiera que aún no los había impreso? Pudiera haber sido cualquiera de estas opciones. Interpretar las muchas posibilidades que este tipo de intercambios presentan es la clase de dilema que exploraremos más adelante cuando veamos la estrategia de la IC. Pero cuando más compartí esta confrontación con un par de amigos indios, combinado con algunas lecturas que hice en otro lugar, empecé a ver que el conflicto de quién iba a recoger las impresiones podía estar relacionado en primera instancia con los diferentes puntos de vista que Sagar y yo teníamos de la distancia de poder.

Parece que yo no era consciente de mi estatus y eso incomodaba a Sagar. Una cultura con una gran distancia de poder entiende que hay algunos individuos cuyo destino en la vida es hacer de mensajeros y cargar libros, mientras que a otros se les concede el papel de hacer cosas como enseñar o ser ejecutivos. Si yo hubiera ido a recoger mis propias cosas, eso habría sido un desaire para Sagar, una demostración de que él no sabe cómo cuidar a un profesor invitado. Y es posible que hubiera sido un insulto a la importancia de la educación. Por cierto, los materiales aparecieron justo a tiempo.[2]

La distancia de poder se refiere a la «lejanía» que existe entre líderes y seguidores. Los países con una alta puntuación en distancia de poder (como México, India y Ghana) demuestran un gran respeto formal a los líderes. Se reverencian los títulos y el estatus, es poco probable que los líderes y sus seguidores socialicen juntos y no se espera que los subordinados cuestionen a sus superiores. La distancia de poder es el grado en el que las diferencias en la autoridad y el estatus se consideran razonables y se aceptan. Revela dónde descansa el poder y cómo se estructura.

De nuevo, este valor varía no solo en culturas nacionales, sino también entre otros contextos culturales, como las subculturas generacionales, las culturas profesionales y las organizativas. Cuando visites una nueva empresa, fíjate en el modo en que la gente se dirige a aquellos a quienes rinden cuentas, qué clase de títulos se utilizan y cómo se colocan. ¿Cómo te presentan al líder superior y qué sugiere la disposición de la oficina acerca de la dinámica de poder? No pases por alto estas importantes observaciones cuando te encuentres en la fase de entrevistas con una nueva organización o cuando estés considerando a un cliente en un nuevo contexto cultural.

Los individuos de una cultura con una gran distancia de poder que van a trabajar a Estados Unidos a menudo demuestran su incomodidad con las diferentes actitudes hacia las figuras de autoridad cuando las comparan con lo que ven en casa. Un ingeniero de India decía: «La primera vez que mi supervisor me dijo "No lo sé" me quedé en estado de *shock*. Me pregunté: "¿Por qué tiene ese puesto?". En mi país, un superior daría una respuesta errónea antes que admitir su ignorancia».

Un estudiante internacional de Indonesia, otra cultura con una puntuación muy alta en distancia de poder, hizo este comentario acerca de su experiencia en una universidad estadounidense: «Estaba sorprendido y confundido cuando al salir de Whittier Hall el rector sujetó la puerta por mí... Estaba tan desconcertado que no encontré palabras para expresar mi gratitud, y casi caigo de rodillas, como ciertamente hubiera hecho de estar en casa. Un hombre que es, de lejos, mi superior me está sujetando la puerta a mí, a un simple estudiante y un don nadie».[3]

Estados Unidos no es ni mucho menos el más bajo en la escala de distancia de poder. Siendo 1 el nivel más bajo y 120 el más alto en esta escala, Estados Unidos tiene una puntuación de 40, y le siguen de cerca Canadá, Alemania y Finlandia. Países como Austria e Israel, con sus respectivas puntuaciones de 11 y 13, son los que puntúan menos en distancia de poder. En estos contextos con un bajo nivel de este valor, los seguidores se encuentran cómodos socializando con sus líderes y tratándoles como iguales. Los subordinados se sienten libres para cuestionar a sus gerentes y esperan poder participar en el proceso de toma de decisiones.

En el capítulo 1 sugerí que una de las razones primordiales por las que los líderes necesitaban inteligencia cultural es porque tenemos que adaptar nuestro estilo de liderazgo según nos vamos moviendo por diferentes culturas. Yo prefiero liderar y ser liderado con un estilo participativo que refleje una distancia de poder pequeña. No soy un gran aficionado a usar títulos formales y, para mí, cuanto más sencillo sea el organigrama, mejor. Pero según voy entendiendo el modo en que mi cultura con una distancia pequeña de poder le da forma a mis preferencias de liderazgo, eso también me ayuda a ver cómo una gran distancia de poder conforma los estilos de liderazgo que otros prefieren. Los subordinados en culturas con una distancia de poder grande como India esperan que los líderes les digan exactamente lo que deben hacer. Por lo menos, si yo insisto en utilizar un sistema de liderazgo más participativo y representativo en India, tengo que calcular de forma creativa cómo hacer que eso funcione, y necesito aceptar que hay otros muchos estilos de liderazgo igualmente eficaces.

Considerando las relaciones entre la llamada gente de «alto estatus» y la gente de «bajo estatus», y entre líderes y seguidores, es un área importante que necesitamos comprender. Los líderes que se comprometen con la inteligencia cultural evitarán descartar los estilos de liderazgo distintos que observan en otras culturas, y en vez de ello buscarán comprenderlos. Esta comprensión nos preparará para algunos de los modos en que deberemos ajustar nuestra conducta cuando lleguemos al cuarto paso, a la acción de la IC. Toma nota del resumen de la Tabla 5-5.

Tabla 5-5. Diferencias entre una gran y una pequeña
distancia de poder

Valor	Pequeña distancia de poder	Gran distancia de poder
Descripción	Espera que todos tengan los mismos derechos Está dispuesta a cuestionar y desafiar los puntos de vista de los superiores	Espera que los que sustentan el poder tengan derecho a privilegios Está dispuesta a apoyar y aceptar los puntos de vista de sus superiores
Ejemplos	Israel Austria Reino Unido [Estados Unidos está más o menos a la mitad]	China Emiratos Árabes Francia

Implicaciones para el liderazgo:

- Toma nota de cómo la gente se conecta con sus superiores y considera si tiene sentido pedir puntos de vista disonantes públicamente de los subordinados.
- En culturas con una gran distancia de poder donde las distinciones de estatus son importantes, los líderes deberían estar pendientes de tratar a los individuos con un mayor estatus con más respeto de cómo lo harían en su propio contexto occidental.
- Los líderes de culturas con una gran distancia de poder necesitan comprender que cuando trabajan en lugares una con distancia pequeña, los títulos formales y el respeto que se rinde a aquellos que tienen autoridad es inapropiado, e insistir en ello puede dar a entender arrogancia.

Diferencias entre una gran y una pequeña evitación de la incertidumbre

El último valor cultural que vamos a discutir es *la evitación de la incertidumbre*. Es la medida en la que la gente de cierta cultura se siente cómoda con lo desconocido. Las culturas que puntúan alto en evitación de la incertidumbre son aquellas en las que la gente se siente incómoda con la ambigüedad y el riesgo. Tienen poca tolerancia a lo desconocido. La gente que vive en esta clase de culturas se centra en modos de reducir la incertidumbre y la ambigüedad, y crean estructuras que ayudan a asegurar un cierto grado de previsibilidad. Por ejemplo, alguien que lidere una plantilla formada principalmente por individuos de culturas dominantes como Grecia, Japón o Francia será sabio si da instrucciones y cronogramas bien claros acerca de cuándo y cómo quiere un trabajo completado. El simple hecho de decirle a un empleado que escriba un proyecto con la intención de tratar un problema de forma competente creará toda clase de disonancias para un miembro del equipo orientado a una alta evitación de la incertidumbre.

Por el otro lado, culturas con un nivel bajo de evitación de la incertidumbre, como Gran Bretaña, Jamaica o Suecia, no se sienten tan amenazadas por las situaciones desconocidas y por lo que tienen por delante. Las instrucciones indefinidas, los diferentes modos de hacer las cosas y unos plazos de entrega más amplios son típicos en estas culturas. Son lugares donde la ambigüedad y la poca previsibilidad son bienvenidas. Se resisten a las leyes estrictas y las reglas, y la gente acepta mejor las opiniones de los demás.

La evitación de la incertidumbre también es una forma de comprender las diferencias que existen entre dos culturas que de otro modo parecerían muy semejantes. Por ejemplo, Alemania y Gran Bretaña tienen mucho en común. Ambas están en Europa Occidental, ambas hablan una lengua germánica, ambas tienen más o menos la misma población después de la reunificación de Alemania y la familia real británica es descendiente de alemanes. Aun así, la persona que comprende las dimensiones de la evitación de la incertidumbre rápidamente se dará cuenta de las considerables

diferencias entre vivir en Frankfurt y vivir en Londres. La puntualidad, la estructura y el orden son el modus operandi de la cultura
germana, mientras que los británicos son mucho más relajados en
cuanto al tiempo y los plazos de entrega y tienden a preocuparse
menos de la precisión que los alemanes. Esto se puede explicar en
parte por los diferentes puntos de vista que estas culturas tienen
acerca de lo desconocido. Ve con cuidado. Como comprobarás a
continuación, no podemos hacer suposiciones generales acerca de
cómo todos los británicos o los germanos ven la incertidumbre y el
riesgo. Estos valores culturales son solamente un aspecto que aplicar a la inteligencia cultural. Pero son una postura muy útil para
empezar a anticipar el modo en que debería desplegarse nuestro
liderazgo cuando nos encontremos con diferentes grados de tolerancia a la ambigüedad y a lo desconocido.

Casi he dado más clases en Singapur que en cualquier otra
parte del mundo. Algunos estudios han etiquetado erróneamente a
Singapur como un lugar de alta tolerancia a la incertidumbre. Eso
significaría que a los habitantes de Singapur, igual que a los británicos, les encantaría la ambigüedad y las conclusiones abiertas.
Aunque Singapur es cosmopolita y permite muchas orientaciones
de valores, en su conjunto, la cultura dominante se orienta hacia
el riesgo bajo, o lo que es lo mismo: hacia una gran evitación de la
incertidumbre.[4] No es insólito que antes de dar una clase a un grupo
de singapurenses me pidan doce o quince veces que les proporcione
información para aclarar lo que se va a tratar en el próximo seminario. Incluso después de haberles proporcionado una explicación
con todo detalle, a menudo me piden más aclaraciones. Del mismo
modo, cuando vivíamos allí, a menudo a mi esposa y a mí nos
amonestaban padres de Singapur para que no permitiéramos que
nuestros niños escalaran libremente por los juegos del recreo del
parque. Parece ser que la aversión cultural hacia el riesgo les hacía ser
extremadamente cuidadosos con el modo en que permitían jugar
a sus hijos. Ya sea invirtiendo, explorando diferentes tradiciones
religiosas o enseñando metodologías, la orientación tradicional de
la cultura de Singapur se siente mucho más cómoda con los límites
y la certeza previsible. Un gobierno fuertemente involucrado, con

montones de leyes, a menudo es visto por los singapurenses como un pequeño precio a pagar a cambio de la seguridad y la certeza. Toma nota del resumen de la Tabla 5-6.

Los líderes con suposiciones como las de Jeff, el empresario estadounidense que estaba convencido de que «las personas son personas y los negocios son los negocios», son incapaces de mantener un trabajo colaborativo eficaz que implique a gente de diferentes culturas. En muchos casos, el fracaso de un líder al comprender las profundas diferencias entre cosas como un enfoque individualista de la vida y el trabajo y un enfoque colectivista de los mismos conceptos da como resultado el estancamiento o el retraimiento de una carrera profesional. Por el contrario, los líderes que aumentan su conocimiento de la IC son capaces de entender cómo los valores culturales dan forma a los resultados del rendimiento.

Si volvemos atrás a la Tabla 5-1, podrás ver de forma global cómo varían las culturas a través de los cinco valores culturales que hemos examinado. Sin duda, también verás nuestra propia tendencia en cada uno de esos valores. Estos pueden ayudarnos a contestar las preguntas que debíamos hacer cuando trabajamos el segundo paso del ciclo de la IC. Hay otra forma más de desarrollar el conocimiento de la IC: *el lenguaje*.

Tabla 5-6. Diferencias entre una gran y una pequeña
evitación de la incertidumbre

Valor	Evitación de la incertidumbre pequeña	Evitación de la incertidumbre grande
Descripción	Prefiere pocas reglas, una estructura reducida, unas pocas directrices Tolera las situaciones desestructuradas e impredecibles	Prefieren reglas escritas, estructura y directrices Se siente incómoda con las situaciones desestructuradas o impredecibles

Ejemplos	Jamaica Suecia Malasia [China y Estados Unidos están a medio camino de este valor]	Grecia Emiratos Árabes Japón
Implicaciones para el liderazgo:		

Implicaciones para el liderazgo:

- Cuando trabajes con individuos con una gran evitación de la incertidumbre, trata de minimizar la ambigüedad y su consiguiente ansiedad acerca del futuro. Sé explícito acerca de los objetivos y los plazos de entrega. Haz propuestas modestas para el cambio con una estrategia bien comunicada.
- Cuando trabajes con individuos con una pequeña evitación de la incertidumbre, evita las afirmaciones dogmáticas y ser extremadamente rígido. Invítales a la aventura y a explorar lo desconocido.

Entender los diferentes lenguajes

Hace unos años la Dairy Association [Asociación de lecheros] dirigió una amplia y exitosa campaña de marketing por todo Estados Unidos basada en el eslogan «Got Milk?» Por desgracia, cuando la campaña se exportó a México, la traducción «¿Tienes leche?» se entendía como: «¿Estás lactando?»[5] Hay un sinnúmero de ejemplos semejantes a este. Una compañía de *software* de Estados Unidos se resintió cuando quisieron lanzarse internacionalmente porque su nombre, traducido, significaba «ropa interior». Una compañía europea fracasó al vender su postre de chocolate y fruta llamado «Zit» [pústula] en Estados Unidos, y tampoco tuvieron éxito los fineses que intentaron vender su «Super Piss» [supermeado], un anticongelante para las cerraduras del coche. Estos ejemplos son graciosos, pero los desafíos del lenguaje van más allá de las traducciones jocosas. Microsoft experimentó una gran resistencia en muchas regiones del mundo como respuesta a su icono de «Mi PC». Dar por supuesta la implicación de propiedad privada, que es poco común en culturas que carecen de ella y de medidas para su protección, causó una gran angustia a los afiliados y consumidores de lugares que, por naturaleza, son más colectivistas.[6] Esto es un ejemplo de cómo un valor cultural como el individualismo frente al colectivismo conforma el lenguaje y tiene un impacto en la vida real.

En casi cualquier libro sobre liderazgo eficaz que leas, verás el tema recurrente del papel esencial de una comunicación coherente y clara. La comunicación (ya sea crear una campaña de marketing, redactar un memorándum o proyectar una visión) está ligada a la cultura de forma omnipresente. Algunos dicen que el lenguaje y la cultura son la misma cosa, señalando el hecho de que los esquimales tienen montones de palabras diferentes para la nieve y muy pocas para describir las frutas tropicales. Lo contrario también es cierto en algunos contextos tropicales. El lenguaje y la cultura evolucionan juntos según la gente vive en relación con lo que les rodea. Según vayamos aumentando nuestro conocimiento de la IC, necesitaremos comprender algunas cosas básicas acerca de la comunicación y el lenguaje y su relación con la cultura.

Algunas organizaciones con sede en Estados Unidos bromean diciendo: «El inglés se está convirtiendo en la lengua franca de los negocios internacionales». Pero en la práctica, el inglés solamente es una de las lenguas fundamentales del comercio mundial y la lengua madre de solo el cinco por ciento de la población del planeta.[7] Los líderes que hablan más de una lengua tienen ventaja sobre aquellos que no lo hacen, porque cuando hablas con fluidez un idioma, y hablar y *pensar* en ese idioma se convierte en algo automático, el subconsciente entra en acción. No es solo que podamos comunicarnos más fácilmente con los hablantes de esa lengua, sino que también ganamos agudeza en el modo de ver cómo clasifican el mundo. Proporciona una forma de entender lo que está pasando que es más difícil de captar cuando se hace a través de una traducción. Jaguar, el fabricante de automóviles británico, descubrió la importancia del lenguaje cuando comenzaron a ofrecer estudios de alemán dentro de la empresa para ayudar a incrementar la competencia de la compañía en Alemania frente a sus competidores,

Mercedes y BMW. Un año después, sus ventas en Alemania subieron un sesenta por ciento.[8]

Si hablas solamente un idioma, plantéate apuntarte a un curso introductorio de una lengua extranjera o contratar a un tutor. Es probable que no tengas que buscar muy lejos para encontrar a alguien que pueda enseñarte lo básico. Aunque adquirir fluidez sea una gran aspiración, el mero hecho de aprender otra lengua contribuye al crecimiento del conocimiento de la IC. Puede que te encuentres innovando y liderando de una forma totalmente nueva simplemente por el hecho de aprender otro idioma.

La comprensión del lenguaje puede ser importante incluso cuando trabajas en un contexto de hablantes de tu propia lengua. Solo por poner un ejemplo, a menudo hay expresiones y términos en inglés que crean confusión incluso entre los mismos hablantes estadounidenses, británicos, hindúes y australianos.

Y existen el mismo tipo de desafíos para la comunicación cuando te trasladas de una organización o profesión a otra. Un académico dando una charla a un grupo de ejecutivos de negocios necesita traducir el lenguaje académico a términos que puedan ser comunicados con eficacia en ese contexto corporativo. A menudo me encuentro con gente que trabaja en culturas profesionales que no me son familiares, como médicos, bioquímicos o fabricantes de automóviles. Inmediatamente observo la diferencia entre la inteligencia cultural de aquellos que pueden hablarme de su trabajo utilizando un lenguaje que puedo entender frente a aquellos que utilizan toda clase de jerga técnica que no significa nada para mí. Los doctores y las enfermeras con conocimiento de la IC tienen que ajustar su lenguaje verbal y no verbal cuando hablan acerca de un diagnóstico con un miembro de la familia, cosa que no necesitan hacer cuando hablan con sus colegas médicos. Mediante el conocimiento de la IC comprendemos que nuestras palabras son el resultado de una diversidad de contextos culturales que conforman lo que somos. Eso conlleva una gran cantidad de significado implícito. Como veremos más adelante en el paso tres del ciclo de la inteligencia cultural (la estrategia de la IC), enriquecer la comprensión de una cultura nos ayuda a controlar si los demás entienden lo que estamos diciendo basándonos en las palabras que usamos para expresarlo.

Recientemente estuve colaborando con una organización benéfica que llevaba diez años en activo. Habían disfrutado de un alto nivel de éxito alcanzando sus metas de rendimiento durante sus primeros siete años de existencia. Pero la actividad de la organización y sus resultados llevaban dos años en constante declive. Una de las cosas que observé al hablar con parte del personal y sus integrantes era una aversión poco común hacia todo lo que sonara «corporativo» o institucional. De hecho, uno de los líderes empresariales que analizó la organización la describió como si tuviera anticuerpos en su sistema que atacaran cualquier cosa que sonara remotamente corporativa. La junta directiva estaba en plena búsqueda de un nuevo director ejecutivo. Parte del cometido de la inteligencia cultural sobre la cultura de esta organización benéfica era cambiar el título del líder principal de «director ejecutivo» a «líder del equipo». Por supuesto, si el único cambio residiera en el nombre de la descripción del trabajo, la aversión hacia la cultura corporativa se hubiera solventado en un momento. Pero este cambio en el lenguaje era el primer paso hacia el desarrollo de un plan de liderazgo que se adaptaba de forma extraordinaria al espíritu de aquella organización, expresado en un lenguaje que estaba en consonancia con su identidad.

La comunicación, tanto la formal como la informal, es la práctica más importante del liderazgo. Muchos de los problemas de una organización son el resultado directo del fracaso de la gente para comunicarse de un modo que verdaderamente haga aumentar el entendimiento. Aprender el lenguaje apropiado para un contexto cultural proporciona la comprensión necesaria para flexibilizar nuestra comunicación, algo que volveremos a ver en el cuarto paso, la acción de la IC.

Conclusión

Toma nota de las reflexiones que escribió este norteamericano de viaje a Perú, en Sudamérica:

Volamos desde Lima hacia Iquitos anoche. Los desafíos comenzaron nada más aterrizar... El aeropuerto parecía un granero desvencijado. Pero se toman lo de la seguridad del equipaje en serio. No nos dejaron agarrar nuestras maletas hasta que comprobaron las etiquetas. *Sospecho que eso es obligatorio aquí; de otro modo la gente las robaría.*

Se suponía que nos encontraríamos con los anfitriones peruanos a las 9. Pero *la gente no es muy puntual aquí.* Quizá necesiten un buen seminario de administración del tiempo.

¡Qué daría por comer algo normal esta noche! Una buena hamburguesa, una bebida bien fría y una ensalada sería fenomenal. En vez de eso estoy esperando otra ronda de frijoles y arroz...

Ya sea que las súplicas por una «comida normal» provengan de mi hija o de un colega con el que esté viajando, ya no me perturban esa clase de afirmaciones etnocéntricas. Se dicen continuamente. Pero leer este diario me dejó echo polvo, ¡porque el viajero que lo escribió era yo! Hace poco lo encontré, lo escribí cuando tenía dieciocho años. Era mi primera estancia en el extranjero. Mi hija Emily se rió muchísimo cuando le conté que yo decía cosas con dieciocho años que ella dejó de decir con ocho.

La ignorancia cultural no tiene por qué ser una condición permanente. Eso es lo que realmente anima. El punto de partida para el conocimiento de la IC es comprender cómo la cultura da forma al pensamiento y a la conducta. Es entender qué es universal, qué es cultural y qué es personal. Y desarrollamos el conocimiento de la IC mediante la comprensión de los sistemas culturales, los valores y el lenguaje.

BUENAS PRÁCTICAS PARA EL CONOCIMIENTO DE LA IC

1. *Estudia una lengua extranjera.* Probablemente no necesitas buscar muy lejos para encontrar un profesor. Los hablantes nativos suelen ser los mejores maestros. Incluso aprender unas pocas frases viene muy bien cuando se viaja al extranjero.

2. *Lee novelas y autobiografías internacionales.* Libros como este proporcionan un marco conceptual para pensar acerca de la cultura, pero hay algo más visceral en el hecho de leer una novela como *Cometas en el cielo* o ver una película como *Crash* para construir el conocimiento de la IC. Entra en otro mundo a través de novelas, autobiografías y películas ambientadas en otro lugar. Visita www. davidlivermore.com para más sugerencias.

3. *Permanece informado globalmente.* Aprovecha los nuevos recursos para ir más allá de los últimos cotilleos sobre los famosos de Hollywood. BBC Mundo es una de las mejores fuentes junto con www.worldpress.org. E intenta visitar la página web de Al Jazeera para ver cómo los mismos sucesos se describen de muchas formas distintas. Cuando viajes, prueba a comprar algún periódico del lugar para conseguir una perspectiva local.

4. *Familiarízate con algunas nociones básicas acerca de dónde vas.* Aunque la pericia en cuestiones culturales específicas no es el quid del conocimiento de la IC, visitar sitios como http://news.bbc. co.uk.es.mk.gd/1/hi/country_profiles/default.stm puede ser útil. El objetivo es hacerse con una visión general básica de un país, su historia y las cuestiones clave que enfrenta su gente para que al menos haya algo con lo que comenzar conversaciones una vez allí.

5. *Ve de tiendas.* Mirar los productos y la disposición de una tienda de comestibles en comunidades étnicamente diferentes puede ser un modo fascinante de observar algunas diferencias culturales. Ten cuidado de no hacer suposiciones basándote en lo que ves, pero sí observa qué en que se parece y en qué se diferencia del lugar donde tú compras.

CAPÍTULO 6

DESCONECTAR EL CONTROL DE CRUCERO: LA ESTRATEGIA DE LA IC (TERCER PASO)

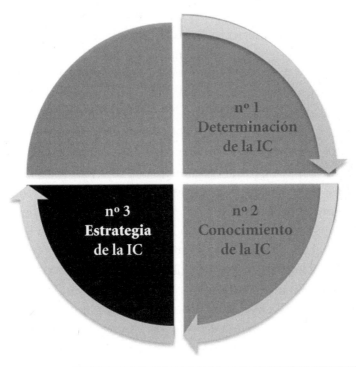

TERCER PASO: ESTRATEGIA DE LA IC: ¿Cómo planificar? *Trazar estrategias y hacer que las diversas experiencias culturales tengan sentido*	
Perfil de un líder con alta estrategia de la IC:	Los líderes con una alta estrategia de la IC desarrollan modos de utilizar el conocimiento cultural para realizar planes para nuevas situaciones interculturales. Estos líderes son más capaces de observar, analizar y ajustar sus conductas en diferentes escenarios culturales. Son conscientes de lo que necesitan saber acerca de una cultura desconocida.

Liderar con inteligencia cultural

No estoy interesado solo en investigar y escribir acerca de la inteligencia cultural. Quiero aplicar eso a la práctica de mi propio liderazgo. Pero hay muchas veces en las que todavía parezco un ignorante cultural. Por ejemplo, mi intento de averiguar si el doctor Jones era un maleante (véase el capítulo uno) estaba basado en mi orientación norteamericana hacia la comunicación directa y explícita. Soy poco propenso a andarme con rodeos, y aunque valoro la diplomacia, al fin y al cabo mi modus operandi es encarar el conflicto directamente. Cuando llegué al aeropuerto de Monrovia, fui capaz de distanciarme un poco y ver que Tim, el estadounidense liberiano que había venido de visita por dos semanas, y su mozo de estación se envidiaban el uno al otro. Pude escuchar las historias de los contratiempos de mis compañeros de desayuno con la comida infantil y los envíos de medicamentos. Pero fallé al no tomarme el tiempo necesario para pensar acerca de cómo mi enfoque de «llamar las cosas por su nombre» podría funcionar en Liberia.

Si me hubieras preguntado acerca de algunos de los valores que pueden hallarse en la cultura liberiana, rápidamente te hubiera hablado del alto nivel de lealtad y compromiso que dedican a las relaciones. Creo que incluso hubiera descrito el valor de dar la cara por un amigo o colega por encima del valor de proveer de información fidedigna a un extraño de otro país. Pero fallé a la hora de hacer uso de mi conocimiento para llevar a cabo con eficacia lo que necesitaba: una comprensión más clara de si debíamos asociarnos con el doctor Jones y la Escuela Madison. Solamente cuando me distancié y reflexioné sobre lo que había pasado, combinado con el comentario de Moses, empecé a entender que había puesto al doctor Harris en una situación imposible. La capacidad de conectar nuestro entendimiento cultural con el modo en que lideramos realmente es lo que conseguimos mediante la estrategia de la IC. Esta conversación podría haber sido más productiva si yo hubiera pasado más tiempo planeando cómo acercarme al doctor Harris con un asunto conflictivo.

Al día siguiente, Moses y yo estuvimos con otro liberiano que enseñaba en la Escuela Madison y que, por lo tanto, conocía al doctor Jones, el presunto estafador. Como había pasado tiempo

114

reflexionando sobre la interacción del día anterior con el doctor Harris, usé un planteamiento distinto. En comparación con mi enfoque directo a los resultados, que es más típico de mí, esta vez me centré en una sola de las fortalezas del doctor Jones y su escuela. En cierto momento, Moses se excusó para contestar una llamada de teléfono, así que le pregunté al líder con quien nos estábamos reuniendo: «¿Cuál sería el reto para una escuela como la nuestra al asociarse con la del doctor Jones?» Formulé la pregunta de tal modo que él pudiera ofrecer una crítica que no tuviera por qué ser considerada como una evaluación negativa hacia el doctor Jones y su escuela. El líder hizo diversas insinuaciones sobre la cautela, muchas de las cuales se identificaban bastante con la clase de críticas que Moses había hecho. Su crítica seguía siendo indirecta, aunque evidente.

La estrategia de la IC es qué hacemos con la comprensión que adquirimos mediante el conocimiento de la IC. Nos ayuda a ir más allá de la superficie y zambullirnos en las cuestiones sutiles pero poderosas que a menudo nos hacen triunfar o fracasar en nuestro liderazgo. Por lo tanto, la estrategia de la IC es el nexo clave entre nuestro entendimiento cultural y la conducta que da como resultado un liderazgo efectivo.

A menudo se usa la conducción como metáfora para explicar la estrategia de la IC. Cuando conduzco en ciudades y lugares que me resultan familiares, tengo tendencia a la multitarea. Puedo conectar el control de crucero y encender la radio a la vez que mantengo una animada conversación con mis compañeros de viaje o por teléfono. Pero cuando conduzco en una ciudad nueva y necesito encontrar una dirección, reduzco la marcha, apago la radio y minimizo la conversación. Conducir en un lugar nuevo requiere mucha más atención. Esto es especialmente cierto si estoy en un lugar donde se conduce por el otro lado de la carretera. Me siento más seguro conduciendo en lugares nuevos si con antelación he planificado imprimir las indicaciones. A veces las orientaciones informatizadas no tienen en cuenta las obras inesperadas. Así que incluso cuando lo planeo con anterioridad, debo mantenerme alerta para ver si de verdad me estoy dirigiendo a mi destino. Supongo que captas la idea. Esto es lo que la estrategia de la IC hace por nuestro liderazgo intercultural. Requiere que apaguemos el control de crucero y estemos más conscientes y alerta acerca de lo que nos rodea para desarrollar una estrategia adecuada para una nueva situación cultural. Igual que ocurre cuando conducimos en un lugar desconocido, hay varios procesos implicados en la estrategia de la IC, que dividimos en tres importantes subdimensiones: *conciencia, planificación* y *comprobación.*[1] Estas nos ofrecen tres modos significativos para hacer crecer nuestra estrategia de la IC.

CÓMO DESARROLLAR LA ESTRATEGIA DE LA IC

Toma más conciencia.

Planea tus interacciones interculturales.

Comprueba que tus suposiciones y planes fueron los apropiados.

Pregunta clave: ¿Qué necesito planear para realizar con éxito este proyecto intercultural?

Toma más conciencia

La estrategia de la IC comienza disminuyendo las revoluciones por minuto lo suficiente para hacernos más conscientes de lo que ocurre a nivel interno y externo mientras lideramos en un mundo multicultural. La conciencia es dar un paso atrás desde lo que estamos haciendo y reflexionar sobre ello. Es disciplinarnos para ver lo que de otro modo nos perderíamos. La conciencia es una de las herramientas principales que nos capacitan para discernir entre los tres niveles del iceberg: ¿qué es universal, qué cultural y qué personal? La conciencia da como resultado una mejor toma de decisiones y un mejor rendimiento global.

Muchas tradiciones religiosas tienen mucho que ofrecer a nuestra comprensión de la conciencia. Por ejemplo, las escrituras budistas exhortan a sus seguidores a practicar intencionalmente el mantenerse en un estado de calma a fin de percibir en su totalidad lo que ocurre en el cuerpo, en la mente y en la conciencia. A los budistas se les anima a aplicar esta misma clase de conciencia al entorno que les rodea para estar completamente «presentes».[2] Asimismo, muchos escritores cristianos exhortan a los creyentes a utilizar la contemplación como un modo de conectar consigo mismos, con los demás y con Dios. Los cristianos utilizan la conciencia para ayudar a someter sus vicios y vivir más virtuosamente.

En el contexto intercultural, la conciencia significa abandonar algunos de los automatismos que realizamos en entornos más familiares. Muchas de nuestras acciones cotidianas y de liderazgo las hacemos siquiera sin pensar. Desarrollamos hábitos semiautomáticos y patrones de comportamiento como un modo de simplificar nuestras vidas. Muchos de nosotros nos cepillamos los dientes de la misma forma todos los días. Incluso las personas no acostumbradas a la multitarea pueden ver las noticias o escuchar una conversación mientras se cepillan los dientes. Esta es la misma clase de comportamiento semiautomático que sucede cuando el 1 de enero escribimos sin pensar la fecha del último año o cuando ponemos el intermitente al aproximarnos a una intersección. Organizar el orden del día para una reunión de personal o escribir un memorándum para la plantilla quizá no sea tan automático como estos otros ejemplos, pero después de hacerlo varias veces, todos realizamos este tipo de tareas de liderazgo sin mucho esfuerzo ni pensamiento consciente.

Sin embargo, según vamos tomando más conciencia de nosotros mismos, descubrimos la importancia de desconectar una parte de nuestro comportamiento semiautomático cuando estamos en un contexto nuevo. Me cepillo los dientes de forma distinta cuando visito países en vías de desarrollo porque mi sistema inmunológico no está acostumbrado al agua corriente de allí. Del mismo modo, también deberíamos considerar si debemos alterar algunas de nuestras tareas semiautomáticas de liderazgo. Comunicar algo con un memorándum puede funcionar bien en la oficina cuando estamos en nuestro propio país, ¿pero será ese el mejor modo de comunicarse con el personal cuando nos encontramos en el extranjero? O tomemos el ejemplo de preparar una presentación pública, algo que los líderes hacen a menudo. No estoy seguro de si alguno de nosotros querría hablar en público sin un cierto conocimiento de lo que estamos haciendo. Pero aquellos que hablamos a una audiencia con regularidad valoramos de forma semiautomática el modo en que se reciben nuestras presentaciones. Calculamos instintivamente si el auditorio está atento y escuchando.

Un estudió que dirigí examinaba lo que ocurría cuando los líderes norteamericanos viajaban al extranjero para impartir talleres de una semana a líderes locales por toda África y Sudamérica. Todos ellos describieron el entusiasmo de los líderes locales por la formación. A los líderes norteamericanos les llamó la atención lo hambrientos que estaban los locales por el material impartido. Toma nota del contraste entre lo que dijo un maestro norteamericano y un alumno sudafricano que asistió a la formación:

Un maestro norteamericano describiendo su clase en Sudáfrica:	*Un líder sudafricano que asistió a la clase:*
«Estaban muy interesados. Se sentaron y escucharon, y no se levantaron para ir al aseo cada cinco minutos ni pidieron descansos continuamente. En la sala hacía mucho calor y humedad, pero eso no parecía importarles. Fueron muy respetuosos».	«Me alegro de que se sintiera respetado. Pero necesita darse cuenta de que nosotros nunca consideraríamos hablar o levantarnos para salir en mitad de la presentación de un conferenciante. Para nosotros sería inaudito hacerle eso a un profesor, mucho menos a un invitado extranjero. Eso no tiene por qué significar necesariamente que el contenido fuera interesante».

La afirmación del formador tal vez hubiera sido precisa en un contexto norteamericano, pero en su conjunto, los líderes sudafricanos que participaron en la formación le dieron muy baja puntuación a la relevancia y el valor de la capacitación recibida de los líderes norteamericanos. Con un grado mayor de conciencia, estos líderes podrían haberse parado a pensar acerca de cómo conseguir unos comentarios apreciativos más cercanos a la realidad.

Tomar conciencia es el proceso activo de recurrir a la comprensión cultural derivada del conocimiento de la IC para ver el papel de la cultura en la conformación de una situación. Es clausurar nuestros impulsos automáticos, suspender nuestras suposiciones por un tiempo y permanecer alerta en todas nuestras experiencias interculturales.

Tomémonos un minuto para realizar un par de ejercicios para aumentar nuestra conciencia. Toma una hoja de papel y dibuja dos columnas, una llamada «Observaciones» y la otra «Interpretaciones». Mira la fotografía de la Figura 6-1. Después, sigue las instrucciones de la tabla que hay debajo. En la columna de la izquierda apunta tus observaciones y en la de la derecha, sugiere interpretaciones para lo que observas.

Figura 6-1. Conciencia de las observaciones frente a las interpretaciones

Primer ejercicio de toma de conciencia: Observa	*Segundo ejercicio de toma de conciencia: Interpreta*
En la columna de la izquierda, registra solamente lo que ves en la imagen. No supongas lo que significa, simplemente escribe observaciones objetivas. ¿Cuánta gente hay? ¿Cómo están vestidos? ¿Qué objetos ves? ¿Qué decoración observas? ¿Qué clase de expresiones reflejan sus rostros? Evita explicar qué crees que están haciendo y por qué. Solo escribe lo que cualquiera que mirara esta imagen podría ver. No te precipites en esta fase del ejercicio. Parte de avanzar en la estrategia de la IC requiere que reduzcamos la marcha lo suficiente para observar con exactitud lo que vemos. Escribe lo que observas.	Ahora empieza a pensar en el «por qué» que acompaña al qué que has observado. ¿Dónde crees que está esta gente? ¿Qué crees que están haciendo? ¿Estás seguro? ¿De qué manera piensas que estos individuos están conectados entre sí? ¿Qué clase de ambiente crees que se respira? ¿Por qué hay una taza en la mesa? ¿Por qué está la sala decorada de ese modo? Probablemente sientas que estás conjeturando una parte de todo esto. Lo estás haciendo. Escribe tus mejores suposiciones e interpretaciones de por qué crees que observas lo que observas. Si estuvieras en esa sala, ¿a qué individuos te acercarías de forma natural? Escribe tus interpretaciones.

¿Hasta qué punto te sientes seguro de lo que has escrito en el primer ejercicio comparado con el segundo? Tendrías que estar menos seguro de tus respuestas de la segunda parte. Incluso las observaciones que hacemos están profundamente influidas por nuestro trasfondo cultural. Las cosas en las que nos fijamos y cómo las identificamos surgen de nuestra orientación cultural. Pero las interpretaciones detrás de esas observaciones están influidas de forma especial por nuestra cultura y nuestra personalidad. Las observaciones pertinentes podrían haber incluido cosas como ver dos mujeres, dos hombres, tres caucásicos, un asiático, un ordenador, una taza, tres individuos sentados y uno de pie, todo el mundo mirando al ordenador y cosas así. Podemos estar de acuerdo en todas estas observaciones a la luz de lo que hay en la imagen. Todas las interpretaciones pueden ser legítimas, pero deberían incluir explicaciones para la clase de ropa que llevan, sus expresiones faciales, la decoración de la sala y las relaciones que se perciben.

Interpretar sucesos y comportamientos es complicado en un contexto cultural familiar. Pero es extremadamente difícil cuando entramos en un entorno desconocido. La conciencia nos prepara para la clase de adaptaciones necesarias en la mayoría de escenarios interculturales. A menudo ensayo este ejercicio en mi cabeza cuando entro en la oficina de una compañía por primera vez para discutir una propuesta de negocios. Observo lo que hay en la pared, la distribución de la oficina, el modo en que visten los empleados y los títulos que se utilizan para los distintos cargos. ¿Quién es invitado a la reunión para discutir nuestra propuesta? Todo esto es parte del ejercicio de observación. Casi al mismo tiempo, mientras hago estas observaciones, realizo la segunda parte del ejercicio, los juicios e interpretaciones. ¿Quién tiene el poder? ¿Quiénes son los que toman la última decisión para este proyecto? ¿Qué intereses personales hay detrás de las partes sentadas a la mesa?

La estrategia de la IC, el tercer paso en el ciclo de la IC, es el modo en que respondemos al *por qué* de lo que hay detrás de lo que experimentamos y observamos. *¿Por qué* la negociación parece involucrar sistemáticamente estas dinámicas aquí? *¿Por qué* está estructurado de esta manera el liderazgo de esta empresa? *¿Por qué* está así decorada la oficina? El primer modo de contestar estos porqués es tomar más conciencia. Basándonos en nuestro entendimiento de la gente y la cultura, interpretamos lo que ocurre en un determinado lugar. Cuando es un entorno familiar, este proceso se da con poco esfuerzo. Conocemos la diferencia que hay entre cómo saludar a un colega de negocios y cómo a un amigo cercano. Podemos negociar sobre la marcha o expresar empatía a un subordinado sin mucho esfuerzo consciente. Si tenemos cierto nivel de inteligencia emocional, sabemos cómo enfocar el conflicto y cómo comunicarnos en un contexto familiar. Pero con una conciencia mayor, nos damos cuenta de que quizá todas esas cosas deban hacerse de forma diferente en un nuevo contexto cultural. El humor sarcástico que parece facilitar la informalidad y la camaradería en una cultura organizativa puede erosionar la confianza en otra. Rechazar una invitación para cenar puede ser un motivo de ruptura en las negociaciones en un contexto cultural y ser inconsecuente en otro.

La conciencia es parte del repertorio global de la IC. Esta herramienta no solo te ayuda en un determinado lugar o situación, sino que puede aplicarse a cualquier contexto cultural. Según ganemos destreza en la toma de conciencia, podremos promover esta habilidad mediante una deliberada percepción de nosotros mismos y de los demás.

Conciencia de uno mismo

El primer medio que describimos en el capítulo tres para aumentar la determinación de la IC era ser sinceros con nosotros mismos acerca de nuestro nivel de interés en un proyecto intercultural. Una clase similar de sincera introspección es igual de importante para la estrategia de la IC. Si en el tercer paso continuamos la valoración honesta que comenzamos en el primero, nos ayudará a desarrollar planes apropiados para una tarea intercultural. La conciencia de uno mismo no es un territorio extraño para la mayoría de líderes. En los últimos años ha habido una oleada de materiales para el liderazgo dedicados a ayudar a los líderes a tomar conciencia de sí mismos a través de herramientas como perfiles de personalidad y evaluaciones de fortalezas. Los descubrimientos que hacemos por medio de recursos como estos pueden ayudarnos a crecer en la estrategia de la IC. Por ejemplo, mi mayor fortaleza en el Clifton StrenghtsFinder es «triunfador», una característica de alguien que encuentra mucha satisfacción en el trabajo duro y la productividad.[3] Me es útil tener esto en mente cuando trabajo en culturas más relajadas donde las relaciones tienen prioridad sobre las tareas. A través de la conciencia comprendo mejor la frustración personal que a menudo resulta cuando parece que no he tenido un día muy productivo. También puedo templar parte de mi frustración al redefinir *productividad* en términos relacionales cuando trabajo en culturas gobernadas por las relaciones. Con un mayor sentido de conciencia, pasamos de ser meramente definidos por nuestra irritación o frustración y buscamos comprender lo que hay detrás.

El grado al cual llegamos a ser conscientes de nosotros mismos mientras lideramos y nos relacionamos interculturalmente brota de nuestro nivel de conocimiento de la IC acerca de nuestros propios contextos culturales. Y según vamos tomando conciencia de cómo nuestro propio comportamiento está determinado por la cultura, podemos comenzar a adaptarnos deliberadamente para esas percepciones. Por ejemplo, una cosa es comprender que mucha gente en todo el mundo asocia la guerra y *Los vigilantes de la playa* con los estadounidenses. Pero con conciencia, los líderes estadounidenses pueden buscar señales de si el no-estadounidense con el que están interactuando tiene esa percepción.

La conciencia de uno mismo es más que una mera autocontemplación. Nos ofrece un gran control sobre todas las horas y dinero que invertimos en el trabajo con socios de todo el mundo. El agotamiento y la frustración están entre los primeros puestos de las consecuencias negativas que los líderes asocian con la creciente demanda de trabajar con un sinnúmero de culturas y zonas horarias. La conciencia de uno mismo es una estrategia clave para repeler gran parte de la frustración, el agotamiento y la fatiga que conlleva un trabajo intercultural.

Conciencia de los demás

Según vamos ganando entendimiento de lo que ocurre a nivel interno, necesitamos aplicar la misma clase de conciencia y entendimiento a los demás y al entorno que nos rodea. He realizado una investigación (que aún sigue en curso) acerca de las experiencias de los norteamericanos que se ofrecen voluntarios para ir al extranjero durante una o dos semanas. Muchos de ellos viajan a países en vías de desarrollo donde colaboran en tareas humanitarias tras un desastre, construyen centros médicos, enseñan inglés o se involucran en un trabajo misionero religioso. De entre todos los comentarios que realizan estos viajeros norteamericanos, la afirmación más común realizada a su regreso es algo como: «Aunque esta gente tiene muy poco, *¡son tan felices!*» Hay algo entrañable en escuchar a un grupo de norteamericanos relativamente ricos hablar acerca de su asombro porque la gente con tan poco pueda ser tan feliz. Mi pregunta es: ¿la gente a la que observan es realmente feliz? He preguntado a varios cientos de esos voluntarios: «¿Qué te hace pensar que son felices?» A menudo suelen responder: «Porque siempre están riendo y sonriendo. Y fueron muy generosos con nosotros. Nos alimentaban mejor a nosotros que a ellos mismos».

Parte de tomar más conciencia de los demás requiere que aminoremos la marcha para preguntarnos qué pueden significar los comportamientos familiares en una cultura diferente. La *observación* que hicieron estos viajeros estadounidenses suele ser exacta: los locales con los que se encuentran de hecho están sonriendo y son generosos. Pero la cuestión es si los norteamericanos están *interpretando* con exactitud lo que significan esas conductas.

Primero, si tú no hablas la lengua y simplemente te encuentras con alguien por primera vez, ¿qué haces? Después de algunos intentos poco convincentes de decir cosas como «¡Hello!», «¡Gross Got!» o «¡Ni jao!», a menudo hay más risas nerviosas que resultados. Es realmente incómodo. Así que puede ser que los locales estén expresando felicidad, pero también que sus sonrisas se deban a una respuesta nerviosa.

Entonces añade eso a lugares como Tailandia, donde hay veintitrés tipos diferentes de sonrisas y cada una comunica algo distinto. O a una pequeña y extremadamente educada comunidad de Nueva Zelanda, donde las reacciones con sonrisa son un modo de expresar que se sienten profundamente ofendidos.[4] Como he dicho a menudo, la cuestión no es aprender cada pequeño matiz. Pero con una mayor conciencia de los demás, un individuo se dará cuenta de que, aunque las sonrisas pueden reflejar genuina felicidad, también pueden ser una respuesta nerviosa intercultural que indique bien poco acerca del nivel de satisfacción. La conciencia informada por el conocimiento de la IC nos ayudará a hacer interpretaciones más exactas.

Aquí hay algunas otras formas de tomar más conciencia de una plantilla y una base de clientes diversa:

- Pasa al menos el cincuenta por ciento del tiempo que tienes con tus subordinados *escuchando*.
- Concierta citas regulares con tus compañeros globales «solo» para escuchar sus puntos de vista.
- Pregunta a los empleados de tienda de varios lugares qué se está vendiendo. No pierdas la oportunidad de escuchar sus observaciones de primera línea.
- Busca diversas fuentes de información. Échale un vistazo a YouTube y observa lo que la gente está viendo en varias partes del mundo.
- Revisa varios periódicos. ¿Cuáles son los libros y las películas que más se venden en Londres? ¿En Dubái? ¿En Moscú?
- Permanece alerta a las nuevas tendencias en arte, cine y teatro.

Estas prácticas pueden servirnos también para nuestro propio entorno, pero son particularmente valiosas para llegar a ser más conscientes en distintos contextos. La toma de conciencia no es algo que lleve mucho tiempo. Es una estrategia que podemos utilizar sobre la marcha según vamos y volvemos de reuniones, viajes y conversaciones. La simple disciplina de ver lo que de otro modo nos perderíamos es uno de los mejores métodos para desarrollar la estrategia de la IC.

Planifica tus interacciones interculturales

Otro modo de hacer crecer tu estrategia de la IC es usar la perspicacia obtenida de tu conciencia para crear nuevos planes y tácticas para ver el modo de hacer el mismo trabajo en un contexto diferente. Cuando tengo que conducir por el lado izquierdo de la carretera en vez de por el derecho, como estoy acostumbrado, tengo que prestar mucha atención. Pero después de haberlo hecho varias veces, incluso si estoy conduciendo en un lugar completamente nuevo, es más fácil que las primeras veces que lo hice. He desarrollado unas cuantas estrategias básicas para controlar en qué lado de la calzada se supone que debo estar. Cada nuevo lugar trae consigo nuevas reglas y desafíos para mi conducción, pero cuanto más conduzco en diferentes sitios, más experto me vuelvo en utilizar una conciencia mayor para llegar a mi destino. Irónicamente, eso a veces también empieza a cambiar el modo en que circulo cuando estoy en casa. Me ocurre lo mismo con mis estrategias de liderazgo. Sí, es sorprendente cómo solemos gastar miles de dólares en viajar veinticuatro horas hasta la otra parte del mundo sin haber invertido un solo minuto en planear cómo sacar el máximo partido de nuestro tiempo allí.

El verdadero objetivo de la estrategia de la IC es tomar lo que hemos aprendido mediante la adquisición de la comprensión cultural en una situación anterior y aplicarlo acuradamente a otras situaciones. Tengo la impresión de que nunca voy a dejar de tener encuentros desorientadores y confusos como el que tuve en Liberia con el doctor Harris y Moses. Pero la estrategia y la planificación de la IC me ayudan a fortalecerme ante el número creciente de esas situaciones, y aprendo cómo negociar y liderar mejor en encuentros similares.

Planificar significa anticipar el modo en que una tarea que se realiza de forma natural en casa necesita modificarse cuando se aplica a alguien de un trasfondo cultural diferente. Esto puede ser tan sencillo como organizar una reunión en privado con esa persona. A menos que sea para hablar de un tema conflictivo, no suelo pasar demasiado tiempo planificando una reunión privada con un colega o un subordinado en la oficina de mi casa. Puedo hacerme una lista esquemática de los asuntos a discutir, pero cuando nos reunimos nos movemos de uno a otro de forma natural. Pero a menudo necesitamos pasar un tiempo adicional preparándonos para esta misma clase de reuniones cuando implican a individuos de un trasfondo cultural distinto. No tiene por qué suponer una cantidad excesiva de tiempo y no debería dar la impresión de ser una manipulación. Simplemente es tener en cuenta el tiempo para anticipar cómo discutir con el mayor respeto y eficacia los asuntos a tratar. La planificación para esta clase de encuentros puede ser tan sencilla como pasar algunos minutos de camino a la reunión previendo el mejor modo de dirigir las cuestiones que necesitas debatir. Pregúntate:

- ¿Qué tipo de charla trivial es la apropiada para una persona de esta cultura y para este individuo en particular?
- ¿Quién debe iniciar la transición de la charla informal a los negocios?
- ¿Cómo alcanzarás los pasos de acción en esta reunión?
- ¿Cuánta orientación debes proveer?

Es difícil responder estas preguntas sin un entendimiento cultural en expansión. Una buena estrategia de la IC requiere un buen conocimiento de la IC.

Un líder con una alta estrategia de la IC creará activamente nuevas estrategias o adaptará las existentes para tratar con los aspectos nuevos y únicos de un entorno. Esta clase de líder es capaz de incorporar diversas observaciones e interpretaciones para crear nuevas estrategias para nuevas situaciones.[5] La mayoría de contextos proporcionan pistas ambiguas (en el mejor de los casos) y a menudo engañosas acerca de lo que ocurre en un entorno desconocido. Eso debería ser evidente a la luz del ejercicio de observación/interpretación que hicimos anteriormente. Según ganamos conciencia, con prudencia podemos transferir nuestras interpretaciones de una situación a otra. No podemos ser demasiado rápidos para suponer que situaciones similares puedan ser análogas, pero una buena planificación nos permitirá estar más en sintonía con los patrones emergentes que deriven de todas estas diversas situaciones y contextos.

Comprueba que tus planes y suposiciones fueron acertados

Una forma aún más importante de desarrollar la estrategia de la IC es buscar información para confirmar o desmentir si nuestra creciente conciencia y sus subsiguientes planes fueron acertados. Los ejecutivos occidentales necesitan ser conscientes de cuándo y cómo hablar durante las reuniones con los asiáticos. Aquellos con una alta estrategia de la IC observarán las interacciones y el estilo de la comunicación de sus homólogos asiáticos, como turnarse para hablar, y planearán cómo y qué decir antes de hablar. Una vez hecho eso, trabajarán duro para analizar cómo ha sido recibida su aportación.[6] Cuando adquieres la habilidad y la confianza de funcionar a este alto nivel de procesamiento cognitivo es muy gratificante, y da como resultado una de las mejores prácticas internacionales. Es más sencillo para aquellos que están acostumbrados a la multitarea. El proceso de tres pasos de la toma de conciencia, la planificación y la comprobación a menudo sucede simultáneamente. El objetivo es ser cada vez más hábil permaneciendo enteramente consciente de lo que ocurre contigo mismo y con los demás, usar esa conciencia para planear hacia dónde encaminar la siguiente interacción y supervisar si tu estrategia está funcionando.

En este proceso es muy importante que tengamos claro que con toda seguridad malinterpretaremos algunas de las cosas que sucedan y seguiremos confusos acerca de otras. Por lo menos, incluso un líder con una inteligencia cultural extremadamente alta encontrará sucesos y comportamientos específicos en un nuevo contexto cultural que no comprenderá de inmediato. En tal caso, el líder pospondrá su opinión suspendiendo sus suposiciones y se sentará en el incómodo estado del desconocimiento. La estrategia de la IC incluye aceptar la confusión y mantener la disposición a no saber algo, lo que conducirá a una mejor evaluación de la situación. Eso, en su momento, llevará a un entendimiento final más preciso.[7] Cuando tenemos esa clase de comprensión y estrategia, estamos listos para un nivel de comportamiento culturalmente inteligente que ofrece una ventaja competitiva sobre lo que suele suceder en la gestión de los líderes culturalmente diversos: hacer «negocios de la forma habitual». Aunque mi modo de obtener información acerca del doctor Jones en Liberia tenía defectos, la aportación de mi colega Moses, combinado con el tiempo deliberado que pasé reflexionando en la interacción y planeando una estrategia alternativa, me hizo salir de mi punto muerto inicial. Mi conversación posterior estuvo más planificada, a la vez que analizaba el modo en que el líder liberiano al que le estaba preguntando respondía a mi enfoque y a mis cuestiones. En muchos aspectos, marcó la diferencia entre que mi viaje fuera una pérdida de tiempo o que de hecho consiguiera cumplir con uno de mis principales objetivos.

Dado el alto número de encuentros interculturales que experimentamos muchos de nosotros, es poco realista pretender saber con precisión qué sucede en los niveles más profundos del iceberg con gran parte de los individuos con los que nos encontramos. Es un proceso difícil incluso con nuestros prójimos más cercanos. Como único hombre de la casa, a menudo malinterpreto qué está sucediendo a mi alrededor ¡con mi propia familia! Pero, al menos, poner nuestra antena para vigilar la exactitud de nuestras suposiciones y planes hará crecer nuestro rendimiento intercultural. La comprobación nos ayuda a confirmar o desmentir si nuestras interpretaciones son ciertas y si los subsiguientes planes son eficaces y estratégicos.

Conclusión

Finalmente terminamos no asociándonos con el doctor Jones y la Escuela Madison en Monrovia, y recientemente escuché que el doctor Harris había renunciado a su puesto de profesor en el colegio. Yo, sin embargo, todavía sigo utilizando los puntos de vista que aprendí de aquella situación. En la actualidad estoy en el proceso de ayudar a una organización de la que soy parte de la junta a desarrollar una asociación con algunos afiliados en Tailandia. Hemos recibido opiniones contradictorias acerca de cierto líder tailandés en particular y sus negocios. Algunos asesores dicen que no podemos seguir adelante sin involucrar a este líder. Otros nos advierten contra cualquier tipo de asociación con él. Realizar esta clase de debida diligencia nunca es fácil, pero la estrategia de la IC me está ayudando a desarrollar un plan para saber cómo obtener la información que necesitamos. Tailandia y Liberia son dos sitios infinitamente diferentes. Pero algunas de las estrategias que aprendí de mi trabajo en Liberia pueden adaptarse a este desafío actual en Tailandia.

Una vez que descubres las habilidades para la estrategia de la IC, puedes aplicarlas a todo tipo de relaciones y situaciones. Incluso puedes mirar a un adolescente gótico y empezar a preguntar *¿Qué hay* *detrás de las ropas negras, los tatuajes y la música?* en vez de lanzarte a sacar conclusiones acerca de los adolescentes góticos en general o de ese individuo en particular. O puedes preguntarte a ti mismo: *¿Qué hay detrás de la respuesta que recibo cuando utilizo ese mismo chiste en ese contexto si lo comparo a cuando lo uso en la oficina de mi casa?*

La estrategia de la IC es fundamental por una serie de motivos. Primero, el intento premeditado de la toma de conciencia promueve el pensamiento activo acerca de tu trabajo y de la gente en diferentes escenarios culturales. Segundo, al planificar cómo adaptar tu conducta y trabajo a un contexto diferente, la estrategia de la IC invoca la creatividad y la innovación en vez de simplemente depender de las mismas viejas prácticas que parecen funcionar en casa. Incluso después de desarrollar una estrategia revisada para un nuevo contexto cultural, la comprobación nos conduce a revisar e innovar continuamente mientras supervisamos la eficacia de lo que estamos haciendo.

BUENAS PRÁCTICAS PARA LA ESTRATEGIA DE LA IC

1. *Practica la estrategia del* «*¿Por qué? ¿Por qué? ¿Por qué?*» Al preguntarnos repetidamente «¿Por qué?» (cinco veces es una buena regla de oro) alcanzamos los niveles más profundos de un asunto.[8] Podría ser algo como esto:

- Todavía no tenemos un contrato con Japón. Pregúntate: *¿Por qué?*
- Deberían firmarlo antes de marcharnos. *¿Por qué?*
- Están incómodos porque Susan ya no gestiona la cuenta. *¿Por qué?*
- Ganarse la confianza de los líderes japoneses lleva mucho tiempo. *¿Por qué?*
- Porque la confianza se construye sobre las relaciones, no firmando documentos. *¿Por qué?*

Desarrollar la estrategia de la IC en ti mismo y en los demás puede ser tan simple como rescatar el ansia de saber típica de un niño de tres años: «¿Por qué? ¿Por qué? ¿Por qué?»

2. *Lleva un diario de tus reflexiones interculturales.* Puede ser tan básico como hacer el ejercicio de la observación/interpretación.

O documentar tus experiencias interculturales a la par que tus preguntas y puntos de vista. Más adelante regresa y relee lo que escribiste. Haz esto con algunos de tus compañeros y discutan juntos los puntos de vista.[9]

3. *Examina las situaciones interculturales en lo que lees y ves.* Cuando leas revistas de negocios, periódicos o simplemente estés viendo una película, observa los escenarios interculturales y piensa en cómo actuarías tú en esa situación. No intentes resolverlo demasiado rápido, sino practica tomando más conciencia, desarrollando un plan y después encontrando modos de comprobar la exactitud de tus planes.

4. *Implícate en planes activos.* Cuando aceptas un nuevo proyecto que implica un alto nivel de compromiso intercultural, piensa en cómo tu enfoque diferirá del modo en que llevarías este mismo proyecto adelante con gente de tu propia cultura. Encuentra a alguien con quien compartirlo cuyas aportaciones estén bien fundamentadas.

5. *Encuentra guías culturales.* Cuando trabajes de forma extensiva con una cultura en particular, encuentra a alguien que sea tu guía. Elige los guías con cuidado. Aquí tienes varias cosas que considerar:

- ¿Pueden distinguir las diferencias entre esta cultura y otras?
- ¿Muestran conciencia de sí mismos? ¿Y conciencia de los demás?
- ¿Están familiarizados con tu cultura, incluyendo tu cultura nacional y la vocacional (por ejemplo: ingeniería o cuidado de la salud)?
- ¿Han trabajado ellos mismos en varias culturas?
- ¿Hacen muchas preguntas o sencillamente «te cuentan»?
- ¿Pueden expresar qué clases de personalidades suelen sentirse más frustradas con esta cultura?

Un guía cultural con una buena cantidad de conciencia multicultural te será de mucha utilidad. Una de las mejores cosas que pueden hacer es ayudarte a conocer la clase de preguntas que debes hacerte a ti mismo y a los demás según avances en este proyecto.

CAPÍTULO 7

CORRE, CAMINA O TROTA: LA ACCIÓN DE LA IC
(CUARTO PASO)

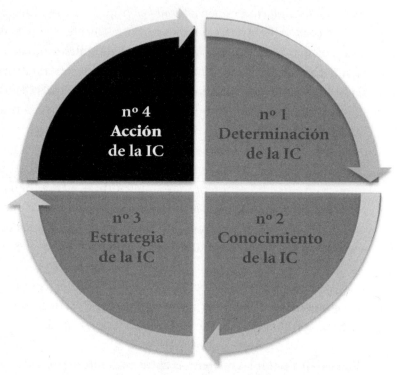

CUARTO PASO: LA ACCIÓN DE LA IC:
¿Qué conductas necesito modificar?
Cambiar las acciones verbales y no verbales de forma apropiada cuando interactuamos interculturalmente

Perfil de un líder con una elevada acción de la IC:	Los líderes con una elevada acción de la IC pueden recurrir a las otras tres dimensiones de la IC para poner en acción su motivación, comprensión y planificación mejoradas. Poseen un amplio repertorio de comportamientos, que pueden utilizar dependiendo del contexto.

Hace dos años, Simon dejó su puesto como director ejecutivo de una creciente compañía en Chicago y asumió el cargo de rector en una pequeña escuela privada de humanidades en Nueva Inglaterra. La escuela había disfrutado de una larga reputación por ofrecer una excelente educación en artes liberales, pero había llegado a un punto muerto en la última década. La estructura organizativa era inflexible, las matrículas decaían y la escuela tenía muy poca diversidad cultural entre su profesorado, su personal y sus estudiantes. Simon y aquella escuela parecían hacer una pareja perfecta. Él siempre había valorado la educación, hecho evidente por su doctorado en ciencias empresariales por la Universidad de Chicago. Él se crece llegando y reinventando una organización. Es un innovador, un líder carismático, y siente una curiosidad natural por la diversidad de culturas debido a su herencia chino-americana. Conocí a Simon cuando él accedió a ser parte de mi investigación sobre inteligencia cultural entre los líderes académicos. Simon se describe a sí mismo como un obsesivo-compulsivo. Está muy en forma, siempre lleva la ropa cuidadosamente planchada y su oficina está ordenada con meticulosidad. Su sonrisa magnética encaja perfectamente con su contagiosa personalidad.

Simon describió sus dos primeros años en la escuela como la tarea más difícil a la que se había enfrentado en la vida. No era una afirmación desestimable viniendo de él. La última compañía que lideró se había declarado en quiebra justo antes de llegar él. En menos de tres años encabezó un giro radical que acabó dando como resultado el año más rentable de la compañía en sus veinticinco años de historia. Los negocios que dirigió con anterioridad también estaban en crisis antes de su llegada, pero rápidamente les dio un futuro nuevo y brillante. No obstante, Simon se sentía como si hubiera dado con la horma de su zapato. Habían sido muy pocos los resultados en sus primeros veinticuatro meses de liderazgo en la escuela. Es cierto que la situación financiera estaba más saneada y que al menos la matriculación se había estabilizado. Pero aquello estaba lejos de la clase de rendimiento al que estaba acostumbrado.

Simon tenía una comprensión muy decente de la subcultura académica. Sabía que no podía simplemente aplicar en la escuela el mismo tipo de enfoques de liderazgo que había utilizado en el mundo de los negocios. Y aunque la comunidad de Nueva Inglaterra donde se encontraba ahora viviendo tenía menos diversidad étnica de lo que él había experimentado en su vida, siempre había tenido facilidad para adaptarse a los nuevos entornos culturales. Simon estaba altamente motivado para ver prosperar la escuela y se sirvió de su comprensión de los negocios y de la educación para desarrollar un plan que le diese la vuelta a los flacos números de la escuela. Pero había algo que le impedía sentir que realmente estaba liderando con eficacia, algo que no se parecía a nada de lo que hubiera experimentado antes como líder.

Cuando visité a Simon en su escuela, me invitó a asistir a una reunión de personal donde explicaría las novedades y compartiría su visión para el futuro. A los pocos minutos de comenzar la presentación, ya me había cautivado. Su contenido tenía sustancia y lo ofrecía con humor, y comunicó una inspiradora visión para la escuela. ¡Estuve casi a punto de pedirle un empleo! Después de recordarme a mí mismo por qué estaba allí, miré a mi alrededor y empecé a preguntarme por qué había tantas miradas perdidas. El profesorado y el personal no podrían haber parecido más aburridos y desconectados. Si yo hubiera estado hablando, sus ojos vidriosos me habrían succionado la vida. Pero Simon seguía en la brecha. En todo caso, su carisma y entrega parecían volverse más electrizantes según iba avanzando.

Sentirse motivado para acometer un desafío como el que enfrentaba Simon es realmente importante. Y tener conocimiento acerca de la diversidad de culturas cuando lideras es esencial, incluyendo la cultura organizativa y las varias culturas étnicas y nacionales representadas. Luego, ser capaz de recurrir a ese conocimiento para interpretar y planificar es esencial. Pero al final del día, la pregunta es: ¿puedo liderar con eficacia en este contexto? ¿Puedo suscitar los resultados necesarios? En última instancia, nuestro liderazgo individual será juzgado en base a si ocasionamos o no resultados.

El paso final hacia la inteligencia cultural, la acción de la IC, es el momento de la verdad. ¿Sabemos realmente de lo que está hablando alguien? ¿Somos capaces de comunicarnos con eficacia? ¿Podemos liderar a la gente respetuosamente y modificar nuestra conducta cuando sea necesario manteniéndonos fieles a lo que somos? La acción de la IC es la medida en la que cambiamos *apropiadamente* nuestras acciones verbales y no verbales cuando interactuamos interculturalmente. El objetivo es ser tú mismo mientras investigas qué comportamientos necesitas cambiar para cumplir tus objetivos. Como se señalaba al principio de este libro, uno de los aspectos revolucionarios del modelo de inteligencia cultural es el énfasis en la transformación interior de nuestra perspectiva y nuestra actitud en vez de sencillamente llegar a dominar «lo que se debe hacer» y evitar los tabúes. Los intentos artificiales para modificar el comportamiento provocan inflexibilidad y se quedan cortos a la hora de darnos un enfoque sostenible para liderar interculturalmente.[1] El grado hacia el cual sigamos trabajando en nuestro cambio interno se verá en las impresiones que dejemos en los demás a través de nuestras acciones.

Irónicamente, el modo más eficaz de manipular nuestra conducta es a través de los otros tres pasos del ciclo de la IC. La acción de la IC es ante todo el resultado de nuestra determinación, nuestro conocimiento y nuestra estrategia. En cierto sentido, todo este libro trata acerca de la acción de la IC porque nuestro comportamiento es en realidad el único modo en que alguien sabrá si somos culturalmente inteligentes. Con eso en mente, es importante enfatizar algunas conductas específicas que adaptar. Las tres subdimensiones de la acción de la IC son *conducta verbal, conducta no verbal* y *actos de habla*.[2] Estas subdimensiones nos informan de los modos en que podemos desarrollar nuestras capacidades en la acción de la IC. La acción de la IC puede incrementarse adaptando nuestra comunicación, aprendiendo a negociar de una forma diferente y conociendo cuándo ser flexibles y cuándo no.

CÓMO DESARROLLAR LA ACCIÓN DE LA IC

Adapta tu comunicación.

Negocia de forma diferente.

Conoce cuándo ser flexible y cuándo no.

Pregunta clave: ¿Qué comportamientos debería adaptar para este proyecto intercultural?

Adapta tu comunicación

Al describir las formas de desarrollar el conocimiento de la IC, tomamos nota de la importancia de comprender el lenguaje y su papel en un liderazgo eficaz. (Véase el capítulo 5.) Ya sea compartiendo una visión, construyendo la confianza, dando directrices o manejando un conflicto, todo ello gira en torno a si podemos hacer llegar el mensaje. Prácticamente todos los libros sobre liderazgo incluyen una sección acerca de la importancia de la comunicación. Para mí, la comunicación de Simon era lúcida y convincente. Pero parecía que su personal no la recibía de la misma manera que yo. Al menos eso fue lo que observé. Necesitaba averiguar si estaba interpretando con exactitud lo que percibía. De hecho, según iba entrevistando a parte del profesorado y del personal, me di cuenta de que ciertamente no se encontraban ni mucho menos tan inspirados como yo por la forma en que Simon compartía la visión. La respuesta recurrente del profesorado cuando se les pidió que describieran el liderazgo de Simon fue que era un intruso que intentaba convertir la escuela en un negocio. Diversos profesores se sentían turbados por el modo en que Simon utilizaba constantemente palabras como *resultados, iniciativa* y *aprovechamiento*. Para ellos, aquello era la prueba de que Simon no entendía el mundo académico. Y dado que él a menudo hacía referencia a historias de su trasfondo empresarial y citaba con frecuencia la Universidad de Phoenix como ejemplo de éxito, sus presentaciones apasionadas y bien expresadas tenían poco impacto sobre ellos.[3] Algunos miembros del personal de la escuela tenían respuestas similares, pero un tema común en sus comentarios era la falta de autenticidad que percibían en el constante entusiasmo de Simon. La mayoría de ellos eran nativos de Nueva Inglaterra, y escuchar a un orador público con tanta energía y carisma les hacía sentir como si Simon estuviera tratando de venderles algo. No podían remontar la sensación de que su expresión oral les hacía pensar que él estaba actuando en vez de hablando con ellos como colegas. Una mujer incluso le calificó de «vendedor de coches usados», un comentario peyorativo que sugería que Simon intentaba estafar y manipular a la comunidad escolar. Las realidades culturales en aquella escuela de Nueva Inglaterra estaban en conflicto con los modos en que Simon se había comunicado siempre como líder. A menudo nos perdemos las diferencias culturales que existen dentro mismo de nuestras fronteras.

Los líderes se comunican todo el día: hacen presentaciones, escriben correos electrónicos, hablan por teléfono, acuden a reuniones y también comparten de manera informal cuando hacen su trabajo. Como muchas otras tareas del liderazgo, el desafío de la comunicación eficaz se hace más grande cuando intentamos comunicarnos con individuos de diferentes contextos culturales, ya sea que esas diferencias sean étnicas, regionales u organizativas. Nadie en la escuela de Simon se había referido al trasfondo asiático de Simon como un retén. Pero su trasfondo corporativo del Medio Oeste de Estados Unidos sí que les parecía una enorme barrera.

La habilidad para comunicarse con eficacia en un nuevo contexto cultural es un ejemplo primordial de cómo la acción de la IC se convierte en un fruto natural de los otros tres pasos. Hay un nivel de motivación y energía (la determinación de la IC) necesario para aprender de nuevo cómo comunicarse en un modo que transmita confianza y motive a la gente en un nuevo contexto. Se necesita una gran comprensión (conocimiento de la IC) para saber qué sistemas y valores culturales se utilizan y qué palabras usar o evitar. Y un nivel más alto de conciencia, planificación y comprobación (estrategia de la IC) es necesario para comunicar realmente las ideas e imágenes relevantes. Al recurrir a estos otros pasos hacia la IC, hay tres clases de comportamientos comunicativos a los que debemos prestar nuestra máxima atención: *las palabras, la entrega y las acciones no verbales.*[4]

Palabras

Las palabras nos permiten intercambiar ideas, transmitir confianza y negociar situaciones en donde todas las partes salgan beneficiadas. Las mismas palabras que crean visión y expectativas en un contexto cultural pueden ser las mismas que levanten desconfianza y recelos en otro. Se me ocurren varias personas de muchos contextos que habrían escuchado la presentación de Simon y la habrían encontrado inspiradora y certera. Pero no es así como fue recibida por el personal de su escuela. Realmente no importa si yo estaba inspirado por Simon. ¡Su equipo no lo estaba!

Cuando lideramos interculturalmente, existen distinciones en cómo usamos las palabras: temas, órdenes y peticiones, disculpas y halagos.

TEMAS

Adaptar de forma apropiada nuestra conducta implica aprender qué temas de discusión son convenientes en diferentes escenarios. Aunque se aplica a las conversaciones relacionadas con el trabajo, es más patente en las interacciones sociales más informales. Por ejemplo, el tomar unas copas después de la cena con alguien de un trasfondo cultural diferente es, con frecuencia, mucho más desafiante que las interacciones que giran en torno al trabajo. Aun así, estas interacciones informales a menudo son las más importantes.

Algunas veces gente de otras culturas me ha preguntado cuánto dinero gano o cuánto vale mi casa, preguntas que, en mi contexto, se considerarían fuera de lugar incluso entre amigos íntimos. He estado con compañeros a los que les han dicho que lucían muy «gordos», una descripción que yo le enseño a mis hijos que nunca utilicen en referencia a nadie. Pero puede que estos temas no sean considerados irrespetuosos en absoluto en otras culturas.

De hecho, que te digan que estás «gordo» en muchas culturas africanas realmente es un cumplido. Es la evidencia de que eres rico y tienes éxito. Otras veces he sido yo el que ha resultado grosero. Les he preguntado a amigos solteros de otras culturas acerca de su vida amorosa solo para descubrir que estoy siendo demasiado descarado según sus normas culturales. O he descuidado el hecho de preguntar acerca de sus familias o compartir más información sobre la mía.

Hay muchos otros ejemplos. La religión y la política son vistos generalmente como temas restringidos entre colegas norteamericanos a menos que haya una clara invitación para hablar de ellos. Pero muchos alemanes valoran las expresiones de opinión manifiestas en esta clase de temas para disfrutar de un buen intercambio de argumentos. Para estos alemanes, llegar a conocer a alguien significa averiguar cuáles son las posiciones de esa persona en diferentes cuestiones y debatirlas como medio de interacción. Por el contrario, cuando individuos chinos se encuentran por primera vez, su acercamiento para llegarse a conocerse normalmente es bastante diferente. En vez de dialogar y debatir acaloradamente, sueles empezar hablando de tu trasfondo familiar y preguntando a los demás por el suyo. Solo después de desarrollar esa clase de afinidad es apropiado discutir sobre temas políticos y sociales. Los estadounidenses y los japoneses a menudo hablan mucho de negocios durante las horas de comida, pero los británicos tienden a pensar que las charlas sobre temas de trabajo deben cesar una vez que se termina la jornada laboral. Las diferentes convenciones para seleccionar las estrategias de conversación y los temas es un área del comportamiento que quizá necesitemos adaptar.[5]

Pocas cosas muestran mejor la variedad de los temas de conversación que el humor. Las bromas y aquello que encontramos gracioso a menudo depende de lo que se sobreentiende y de la historia. Hace poco volaba sentado junto a una mujer de negocios chino-americana. Ella viaja a menudo a China para hacer de traductora a los formadores empresariales de habla inglesa que dirigen seminarios allí. Comentó cómo la gran mayoría de formadores estadounidenses y británicos con los que trabajaba que comenzaban sus presentaciones con un chiste o una anécdota cómica. Este es un enfoque que parece funcionarles bien en su propio contexto. Pero mi compañera de asiento me contó que cuando lo hacen en China, en vez de traducir lo que están diciendo, ella le dice a la audiencia que habla mandarín: «Nuestro orador está contando un chiste ahora. Lo educado es reírse cuando termine». El humor está profundamente enraizado en las suposiciones culturales.

Los líderes culturalmente inteligentes comprenden que los temas de los que hablamos, sobre todo en escenarios sociales e informales, están engastados en valores y suposiciones culturales que solamente podemos entender con la estrategia de la IC que observa debajo de la superficie. El discernimiento a la hora de usar las palabras comienza considerando los temas adecuados para la conversación.

ÓRDENES Y PETICIONES

Helen Spencer-Oatey, una renombrada investigadora lingüística, describe las variantes culturales relacionadas con dar órdenes. En una cultura como la china, donde la comunicación suele ser muy indirecta, se utilizará el poder de la sugestión para hacer una petición. Sin embargo, en una cultura como la de Estados Unidos, las órdenes y peticiones serán mucho más directas. Piensa en la progresión de un acercamiento muy directo hasta uno muy indirecto para pedirle a un empleado que realice un informe del presupuesto:

- «¡Haz el informe del presupuesto!»
- «Quiero que hagas el informe del presupuesto».
- «¿Qué te parece hacer el informe del presupuesto?»
- «¿Podrías hacer el informe del presupuesto?»
- «¿No sería útil tener un informe del presupuesto?»[6]

Los líderes tienen que descubrir el nivel de comodidad que tienen los individuos y las culturas con las órdenes y peticiones directas frente a las indirectas y modificarlas adecuadamente. Hay muchas discrepancias acerca de cómo esta práctica comunicativa se relaciona con el valor de la distancia de poder de una cultura. La misma cultura que valora la comunicación indirecta puede ser un lugar donde los líderes de mayor rango den órdenes directas y explícitas a los subordinados si hay un nivel alto de distancia de poder. Pero se esperaría que un subordinado utilizase una comunicación extremadamente indirecta para hacerle una petición a un superior. Entre compañeros se supone el uso de la comunicación indirecta para que no parezca que uno toma un rol de autoridad sobre el otro. Necesitas descubrir en qué posición de la estructura jerárquica te perciben los demás para estimar el nivel de franqueza a emplear.

Suzanne, una estadounidense expatriada que trabaja en Francia, descubrió la importancia del modo de formular una petición yendo de tiendas por París. Suzanne hablaba francés con soltura, pero eso no mitigaba los desafíos que sentía con la comunicación. Al poco de llegar a Francia parecía no poder vencer la sensación de que a los franceses no les gustaban los estadounidenses en general. Siempre que le preguntaba algo concreto a un dependiente, como «¿Dónde puedo encontrar las barras de labios?», recibía una respuesta seca. Un día, un amigo francés le sugirió: «Prueba a empezar con algo así cuando entres en una tienda: "¿Podría ayudarme con un problema?" Y si dicen "Sí", cosa que harán seguramente, entonces pide que te ayuden a encontrar una barra de labios». Suzanne lo intentó y no podía creer cómo aquel detalle pareció cambiar la disposición de la gente que la atendía en comparación con su enfoque anterior. Ahora se estaba colocando en la posición de alguien necesitado de ayuda en vez de llegar y comenzar con exigencias. Empezó a aplicar la misma clase de estrategia con sus colegas y subordinados en el trabajo. Se quedó sorprendida de ver cómo aquel sencillo ajuste alteró el modo en que se recibían sus peticiones. Simplemente hay que comprender que unos cambios básicos en el lenguaje pueden marcar la diferencia a la hora de conseguir tus objetivos, ya sea la compra de una barra de labios o lanzar una iniciativa global.[7] La frase más importante que intento aprender en la lengua de cualquier lugar que visito es: «Lo siento, no hablo_____. ¿Habla usted inglés?» Eso me coloca en posición de necesitar ayuda en vez de suponer que todo el mundo estaría encantado de ayudarme en inglés.

DISCULPAS

Otro desafío de la comunicación es saber cuándo y cómo disculparse. La gente de muchas culturas estaría de acuerdo en que se necesita alguna clase de disculpa cuando ha habido una ofensa. La cuestión es: ¿qué se considera ofensivo y cuál es el modo más apropiado de expresar pesar por la ofensa?

Yo a menudo he dicho «¡Disculpen, disculpen!» al chocar con gente en lugares como Brasil solo para que me miren como diciendo: *¿Perdón por qué?* Invadir el espacio personal de alguien es una falta en mi cultura, pero la proximidad y compartir el espacio personal forma parte de la vida diaria para muchos brasileños. Es importante aprender si debes disculparte y cómo hacerlo con un colega de una cultura diferente cuando ofendes a esa persona. Por ejemplo, para un individuo que proviene de una cultura guiada por la hora del acontecimiento presentarse una hora tarde a una reunión puede suponer una ofensa pequeña, pero una persona culturalmente inteligente comprenderá que tener esperando una hora a alguien que proviene de una cultura enfocada a la hora del reloj merece una disculpa. En la mente de muchas personas de una cultura enfocada a la hora del reloj, hacerles esperar una hora es hacerles perder el tiempo y faltarles al respeto. Y en culturas donde la jerarquía es importante, se espera que un individuo de menor estatus ofrezca una gran deferencia y una postura de disculpa a alguien con mayor estatus, aunque no haya ocurrido una gran ofensa. Un extranjero no necesita imitar todos estos comportamientos, algo que veremos más adelante en este capítulo; pero seremos sabios si entendemos la importancia de esta clase de prácticas comunicativas.

Los anuncios coreanos por correo electrónico a menudo comienzan con la frase: «Siento enviarle *spam*». Un mensaje de *spam* con una disculpa se considera más creíble en el contexto coreano, pero sería visto como una debilidad en un entorno estadounidense. Aprende cuándo y cómo disculparte con la gente de las culturas con las que trabajas normalmente.

En 2001, un avión de vigilancia y un caza chino colisionaron sobre el Mar de la China Meridional. Durante los siguientes días se levantaron acaloradas discusiones entre los diplomáticos estadounidenses y chinos sobre si el gobierno de Estados Unidos debía disculparse. El ministro chino de Asuntos Exteriores insistía en que el gobierno de Estados Unidos tenía toda la responsabilidad. Al ver la agresividad del caza como la razón de la colisión, el Secretario de Estado de Estados Unidos, Colin Powell, rechazó presentar una disculpa. Su respuesta mostraba el típico punto de vista de Estados Unidos sobre las disculpas. Una disculpa está basada en una comprensión pragmática de quién es el culpable. El énfasis de una disculpa está en buscar la responsabilidad de lo que se ha hecho. El punto de vista chino tiene que ver con la armonía y con una visión mayor de las circunstancias. El énfasis está en la disposición a reconocer el desafortunado incidente en vez de precisar de quién es la culpa. Los chinos se enojaron no tanto por el hecho de que un avión estadounidense sobrevolara su espacio aéreo, sino por la falta de disposición de presentar una disculpa.[8] Según tomamos más conciencia de los valores culturales (el individualismo frente al colectivismo, o la hora del reloj frente a la hora del evento), la estrategia de la IC nos proporciona la habilidad de trasladar ese entendimiento en un modo apropiado de ofrecer y recibir disculpas.

HALAGOS

Hacer y recibir halagos es otro ejercicio de comunicación que requiere inteligencia cultural. Cuando se me hace un cumplido, ¿debo recibirlo o es mejor rechazarlo para evitar parecer autocomplaciente? Y cuando quieres animar a un compañero o a un subordinado, ¿es mejor hacerlo en público o en privado? ¿Es mejor un halago expresado por medio de palabras, regalos, o de otra manera? En muchas culturas occidentales hay un gran acuerdo en que el mejor modo de responder a un halago es recibiéndolo. Sin embargo, lo contrario también es cierto en muchas culturas orientales. El rechazo o la negación se considera más apropiado en lugares como Japón o China. Por supuesto, este es otro ejemplo donde hay multitud de diferencias individuales entre gente que comparte una cultura dependiendo de su personalidad y educación familiar, de ahí la necesidad de conciencia, planificación y comprobación (estrategia de la IC) cuando halagamos y afirmamos a las personas.

Un líder puede suponer que un cumplido motivará a un subordinado a seguir haciendo un buen trabajo, pero si esa persona siente que el jefe está siendo demasiado personal y refleja más intimidad en su relación de la considerada apropiada, en realidad ese cumplido podría llegar a jugar un papel desmotivador. Y los líderes de culturas individualistas a menudo hacen resaltar a los miembros del equipo con un gran rendimiento y les reconocen públicamente. Pero eso puede traer toda clase de molestias y vergüenza para alguien de una cultura colectivista. Por otro lado, los líderes de culturas colectivistas que ofrecen pocas afirmaciones y ánimos personalizados a compañeros y clientes de culturas individualistas pueden ser vistos como desagradecidos. Cuando enseñaba en Singapur, a menudo me sentía muy inseguro de mi eficacia debido a la ausencia de comentarios personales.

Un líder no puede esperar dominar todas las normas para halagar con propiedad en cada encuentro cultural. Pero se nos aconseja comprender y practicar algunas conductas adaptativas en el modo en que ofrecemos ánimo y alabanzas a la gente de diferentes trasfondos culturales. Una postura global de respeto y la suspensión de nuestro juicio nos ayudará a aumentar el conocimiento de la forma apropiada de comunicar gratitud y afirmar el éxito.

Una gran parte de nuestro comportamiento intercultural depende del intercambio de palabras. El mayor desafío es cuando se hablan diferentes lenguajes en el mismo entorno de trabajo. Se necesitan líderes que aprendan nuevos idiomas o que aprendan a usar traductores. Pero cada vez que nos comunicamos interculturalmente, incluso cuando compartimos la lengua, algunas conductas comunicativas básicas jugarán un importante papel en cómo lideramos.

La forma de hablar

La incomodidad del profesorado y del personal no fue provocada solo por las palabras de Simon, sino por otra cosa con la que comparten la importancia: el modo en que las expresó. Incluso cuando se eligen las palabras adecuadas, una gran parte de la falta de comunicación puede venir del modo en que transmitimos la información. Los líderes culturalmente inteligentes aprenderán qué clase de comunicación es mejor para escribir, para contestar el teléfono y para comunicarse cara a cara. Ganarán confianza cuando conozcan el nivel apropiado de entusiasmo, ritmo y estilo que deben usar cuando se dirijan a distintas audiencias. Mientras que los líderes en culturas con una distancia de poder pequeña pueden utilizar el mismo estilo de comunicación al interactuar con un asistente administrativo o al hacerlo con un vicepresidente, no sucede así en culturas con una distancia de poder grande. En breve exploraremos varias de las dimensiones no verbales de la comunicación de forma separada, pero es importante abordar específicamente la manera en la que se dicen las palabras, lo que se suele describir como «forma de hablar» o expresión oral.

Muchos angloparlantes nativos fallan a la hora de modificar su forma de hablar cuando se comunican con individuos para quienes el inglés es una segunda lengua. Tengo que reconocer que mi propio estilo como orador público es rápido y energético. Tengo que esforzarme constantemente para disminuir la marcha, especialmente cuando hablo públicamente a una audiencia que incluye participantes para quienes el inglés no es su primera lengua. Aquí tienes algunas estrategias para mejorar la comunicación cuando te diriges a una audiencia de personas cuya lengua materna no es la tuya:

* Desacelera. Desacelera. Desacelera.
* Utiliza un discurso claro y lento. Pronuncia con esmero.
* Evita expresiones coloquiales.
* Repite las cuestiones importantes utilizando diferentes palabras para explicar lo mismo.
* Evita las frases largas y compuestas.
* Usa representaciones visuales (fotografías, tablas, gráficos, etc.) para apoyar lo que se está diciendo.
* Mezcla las presentaciones con un equilibrio entre historia y principios.

- Entrega resúmenes escritos.
- Para con más frecuencia.

Muchas de estas mismas estrategias también se aplican a grupos pequeños y a conversaciones privadas. Tenemos que encontrar el modo de expresarnos que nos resulte más cómodo y que a la vez parezca natural y auténtico. Pero también tenemos que aprender qué clase de retoques hacerle a nuestro estilo natural cuando nos dirigimos a varias audiencias. Simon necesitaba encontrar un modo de hacer más cómodo su discurso hablado a la vez que lo ajustaba a la subcultura académica de Nueva Inglaterra en la que estaba liderando. Así pues, según aprendemos a modificar nuestra forma de hablar, tenemos que comprobar continuamente que se nos entiende. No es suficiente con preguntar simplemente: «¿Me siguen? ¿Se entiende?» En vez de eso, debemos crear preguntas y actividades que revelarán el nivel de comprensión de los que escuchan.

Lo que no dices

A menudo se dice: «No puedes *no* comunicarte». Aunque las palabras y la forma de expresarlas son una parte importante del intercambio comunicativo, en igual medida (y posiblemente más) uno se comunica a través de las conductas no verbales. Es importante tomar nota de algunas de las formas en que la cultura afecta la conducta no verbal, incluyendo la distancia, el contacto físico, la posición del cuerpo, los gestos, las expresiones faciales y el contacto visual.

DISTANCIA
Muchos de nosotros hemos sentido la incomodidad de que alguien viole nuestro espacio personal mientras interactuamos. La cultura juega un importante papel en lo que entendemos como distancia apropiada. La cantidad de espacio entre los asientos cuando se dirige una sesión de formación, el modo en que se distribuye una oficina y la manera en que el jefe interactúa con el personal son todos ellos modos en que la distancia influye en la manera de comportarnos interculturalmente. Permanece alerta al modo en

que la distancia social afecta a tus interacciones y prepárate para modificarla.[9]

CONTACTO FÍSICO

El apretón de manos, aunque de uso mayoritario en contextos occidentales, ha sido ampliamente aceptado en escenarios profesionales de todo el mundo como un saludo apropiado. Pero el grado de firmeza, la duración exacta del contacto y el individuo que lo inicia varía mucho de un contexto cultural a otro. Poner una mano en la espalda o en el hombro también es una forma de contacto que suelen utilizar los profesionales. Conocer el toque apropiado para los diferentes niveles de autoridad, género y edad son consideraciones importantes para el modo en que lideramos. Por ejemplo, los individuos que vienen de culturas con una gran distancia de poder tienen ciertas expectativas de cómo deben suceder los apretones de manos entre individuos de acuerdo a su estatus. Cuando se saluda a alguien con un estatus mayor, se espera que ambos individuos sostengan la muñeca del otro con la mano izquierda. Muchas culturas africanas utilizan un apretón de manos más suave que el que se usa en Europa o en Estados Unidos, pero mucho más prolongado. Estas pistas son importantes para liderar en montones de lugares distintos. Presta atención a esto cuando observes a los demás y en tus propias interacciones. Por lo general, hay consenso en que las culturas con menor contacto son la norteamericana, la del norte de Europa y la asiática. Las de mayor contacto se encuentran en Latinoamérica, el sur y el este de Europa y Oriente Medio. Como siempre, ten cuidado con las diferencias individuales que existen entre las personas de varios contextos.

LA POSICIÓN DEL CUERPO

También hay reglas culturales no escritas, a menudo incluso inconscientes, que gobiernan el modo en que los individuos se sientan, se ponen de pie y se inclinan. En algunos contextos, el género, la edad y el nivel de autoridad determinan dónde deben colocarse un individuo en relación con los demás. Y la reverencia es una conducta no verbal clave utilizada en muchos contextos como Japón, Corea y

Tailandia. Las reglas no escritas acerca de las reverencias en lugares como estos son complejas y muy complicadas para que las domine alguien de fuera. En vez de sentirse abrumado, el líder culturalmente inteligente sabe que algunas de estas posturas corporales, como los rituales de reverencia en Japón, es mejor reservarlos para los nativos. Pero seremos sabios si consideramos cuáles de nuestras posturas debemos modificar.

GESTOS

La gente a menudo utiliza gestos que acompañan a lo que están diciendo. Así que es especialmente difícil comprender los gestos si no puedes comprender el lenguaje. Y los gestos son una de las formas más individualizadas de la comunicación. Así que, aunque hay ciertas normas culturales, se necesita la estrategia de la IC para discernir si un gesto es un reflejo de la cultura o del individuo. Mira las pistas. Es muy difícil comprender los gestos, pero fíjate, por ejemplo, en cómo la gente señala con el dedo, si es que señalan. Continúa observando eso mismo en otras personas del mismo contexto cultural. Sin darme cuenta, yo utilicé lo que en mi cultura es el signo de «okay» delante de toda una audiencia en Brasil antes de descubrir que aquello era un símbolo blasfemo allí. Prueba tus suposiciones y sé muy cauteloso antes de poner en práctica nuevos gestos solo porque los hayas observado en los demás.

EXPRESIÓN FACIAL

Muchas de nuestras culturas nos enseñan cómo disimular nuestras emociones cuando es necesario de tal modo que los extraños no puedan averiguar cómo nos sentimos realmente. A veces podemos adivinar esas expresiones, especialmente cuando estamos en una cultura familiar e incluso más aún cuando es alguien con quien tenemos una relación cercana. Pero las expresiones faciales pueden ser sumamente engañosas. Eso es lo que ocurrió cuando los voluntarios internacionales a los que me refería antes presupusieron que las caras sonrientes en la gente pobre significaban que estaban satisfechos con su pobreza económica. Por otro lado, a menudo he escuchado a occidentales preguntar por qué nadie parece estar sonriendo en una fotografía de una familia india. Comprender con exactitud el significado que hay detrás de una expresión facial es uno de los desafíos más subjetivos con los que nos encontraremos. Pon en práctica una precaución extrema cuando hagas juicios acerca de lo que significa una expresión facial.

CONTACTO VISUAL

La otra importante conducta no verbal a adaptar es el contacto visual. Distintas culturas tienen diversas normas acerca de cuándo es adecuado el contacto visual y su duración. Esto se vuelve aún más complicado porque muchas culturas tienen reglas no escritas acerca de cómo usar el contacto visual según el género, la edad y el estatus. El otro día hablaba con una directiva que decía que todo acerca de un candidato al que había entrevistado para un puesto de trabajo le indicaba que debía contratarle. Pero no podía mirarla a los ojos, lo que le hizo desconfiar de él. Le pregunté cuál era su trasfondo cultural. «Él es saudí», me dijo. Aunque por convención los árabes suelen mantener un largo contacto visual, muchos hombres saudíes han sido educados socialmente toda su vida para evitar el contacto visual directo con las mujeres. Muchos árabes, latinos, indios y pakistaníes mantienen un largo contacto visual, mientras que los africanos y los del este asiático interpretan el contacto visual como una expresión de ira o de insubordinación y lo evitan.[10]

Ni siquiera el viajero con inteligencia cultural más experimentado puede esperar dominar todas las conductas comunicativas que se utilizan en cada cultura con la que se encuentra. Como ya debes saber, el objetivo no es convertirse en un experto de la palabra, la forma de hablar y la conducta no verbal perfectas para cada situación. En vez de eso, la clave es desarrollar la habilidad de observar el comportamiento de los demás, reflexionar sobre él y aprender cuándo modificar nuestras propias acciones como respuesta. La estrategia de la IC es la mejor herramienta para ayudarnos en este proceso. Revisa con regularidad esta visión global de las conductas comunicativas para refrescar tu memoria frente a las diferencias que probablemente vayas encontrando.

Negocia de forma diferente

Otra conducta esencial para cualquier líder es la habilidad para negociar con eficacia. Sin importar el contexto cultural, el objetivo de la negociación es que la gente alcance un acuerdo que satisfaga mutuamente sus respectivos intereses, tanto personales como de la organización. Las negociaciones eficaces suelen incluir ofertas y contraofertas con concesiones y compromisos en el camino con la intención de alcanzar un acuerdo. La negociación intercultural es otro ejemplo de cómo la acción de la IC es el resultado de las otras tres dimensiones. La negociación intercultural toma una gran parte de la determinación de la IC, requiriendo no solamente la motivación para hacer lo que es mejor para nuestra organización e intereses, sino también para considerar qué es lo mejor para los intereses de las otras partes. La negociación efectiva también depende del conocimiento de la IC. Necesitamos obtener el conocimiento necesario para anticipar dónde pueden estar las diferencias clave en los sistemas y valores culturales implicados. Este conocimiento nos permitirá usar la estrategia de la IC para desarrollar un plan detallado para saber cómo abordar el proceso de la negociación en un contexto en particular.[11] Hay cuatro conductas específicas que son útiles para la negociación intercultural: modificar tu horario, adaptar tu estilo, permanecer flexible y actuar con integridad.

Modifica tu horario

Una de las principales razones por las que tal vez debamos adaptar nuestras estrategias de negociación radica en las distintas expectativas acerca de la cantidad de relaciones y tiempo que se requieren para la firma de un contrato. Este es el tema más recurrente que aparece en la investigación realizada sobre la negociación intercultural y es semejante a las diferencias señaladas más arriba.[12] En muchas culturas asiáticas y latinas, es imposible concebir alcanzar un acuerdo sin haber pasado un montón de tiempo conociéndose. Construir relaciones requiere que los negociadores se tomen tiempo para conocerse: comiendo, bebiendo, visitando lugares de interés, jugando al golf o asistiendo a un partido de cricket. Esta clase de rituales de socialización son vitales porque representan un esfuerzo honesto para comprender lo más completamente posible las necesidades, valores e intereses de la otra parte. Por el contrario, muchas culturas de Europa occidental y de Norteamérica valoran la conveniencia a la hora de buscar un acuerdo contractual. Para estos individuos, grandes cantidades de tiempo socializando pueden parecer una falta de interés por el valor del tiempo. Los estadounidenses y los alemanes culturalmente inteligentes quizá necesiten aprender a ser sociables y pacientes cuando negocien con gente de Japón y México. Y los asiáticos y los latinos culturalmente inteligentes quizá necesiten aprender a ir al grano un poco más rápido cuando negocian con culturas centradas en el tiempo.[13] Adapta tu comportamiento en la negociación a la luz de los diferentes valores presentes con una buena disposición para adaptarte más a lo largo del camino.

De modo similar, la buena negociación intercultural incluye ser sensible al momento oportuno. A McDonald's le llevó casi una década negociar con los líderes rusos de Moscú antes de poder vender hamburguesas allí. Una perspectiva a largo plazo es esencial, porque por lo general negociar internacionalmente va a llevar más tiempo. Deja margen. Y descubre en qué momento del año es mejor. En diferentes lugares se cierra durante algunas estaciones a lo largo del año. Ajusta tus expectativas y tu enfoque a la cantidad de tiempo y de relaciones necesarias para negociar.

Adapta tu estilo

Muchos líderes que vienen de culturas individualistas han aprendido a negociar con agresividad y firmeza. Aunque buscan que ambas partes salgan ganando, en muchos contextos occidentales se espera que mires por tus propios intereses. Las tácticas enérgicas y tenaces son vistas como puntos fuertes en muchos intercambios empresariales norteamericanos. Pero esos líderes necesitan adaptar esa postura cuando negocian en culturas más colectivistas con la intención de atender el alto valor que se le da a la cooperación y la armonía.[14] Del mismo modo, individuos de culturas firmes como Estados Unidos, Nigeria e India tienen que hacer un esfuerzo consciente para hablar menos y escuchar más cuando están en medio de una negociación en el extranjero. Una escucha activa comunicará respeto y te hará ser un negociador más informado. Haz preguntas abiertas y presta toda tu atención en vez de hacer preguntas sencillamente para adoptar una pretensión de interés. Cuando escuches y negocies, ve con cuidado de no depender con exceso de los estereotipos culturales. Son una buena primera aproximación. Pero como hemos estado señalando todo el tiempo, aplicar con demasiada rapidez esa generalización de los valores culturales a cada individuo u organización es peligroso. Tenemos que usar la conciencia de la estrategia de la IC para ir por debajo de la superficie del iceberg y prestar atención a los individuos y a las organizaciones específicas implicadas. Al mismo tiempo, necesitamos permanecer alerta a cómo estamos siendo vistos. ¿Qué clase de ideas preconcebidas tienen los demás con respecto a nuestro trasfondo cultural o a experiencias previas? ¿Cómo necesitaremos compensar esas percepciones?

Permanece flexible

Una vez que tengamos un plan de negociación en mente, debemos atenernos a él con cierta soltura y estar preparados para ser flexibles. Nunca tenemos el control absoluto de lo que ocurre, y mucho menos cuando implica colaboración intercultural. Estate preparado para lo inesperado y desarrolla técnicas de adaptación. Anticipa dónde estarías dispuesto a establecer los límites de lo no negociable. No querrás hacer concesiones de las que más tarde te arrepientas, pero tampoco querrás perder un trato por culpa de la inflexibilidad. En medio de la negociación, recurre a las habilidades que has desarrollado en la estrategia de la IC para permanecer alerta a lo que está ocurriendo entre bastidores en el proceso de negociación. Prepárate para abandonar tus suposiciones cuando las cosas vayan en una dirección diferente a la esperada. La reforma y adaptación constante que se requieren en las negociaciones interculturales están en el núcleo de la acción de la IC.

Actúa con integridad

Finalmente, sin importar el contexto cultural, no hay atajos para construir y crear la confianza. A pesar de las muchas diferencias culturales en el modo en que la confianza se construye y se comunica, esta descansa en principios éticos. Hay que reconocer que existe mucha ambigüedad acerca de lo que constituye la práctica ética, particularmente en medio de diferentes contextos culturales. Pero es imprescindible que permanezcamos fieles a nuestros propios principios éticos y a los de nuestro posible compañero. Evita los atajos que dan como resultado una reducción en la seguridad del producto, prácticas laborales abusivas, anuncios engañosos o degradación medioambiental. No solamente te herirán éticamente, sino que a la larga también le harán daño a tu negocio. Nunca pierdas de vista el triple objetivo (véase el capítulo 3) e interactúa siempre con honor y respeto. Ya sea con prácticas de comercio justo para pagar a los agricultores un salario digno, con una responsabilidad medioambiental que evite contaminar ríos a la hora de producir o inculcando a los subcontratistas el uso de la misma clase de prácticas laborales que nosotros utilizamos en nuestra propia compañía, la importancia de comportarse éticamente cuando trabajamos a nivel internacional es inestimable.

Conoce cuándo ser flexible y cuándo no

Aún hay otra herramienta importante que dominar para aumentar la acción de la IC. ¿Debemos imitar el comportamiento de la gente de otras culturas o no? Demasiada adaptación puede generar sospecha y desconfianza y, sin embargo, como hemos observado, el comportamiento inflexible es una conducta suicida segura para muchos líderes y organizaciones del siglo veintiuno. ¿Cuándo debemos modificar nuestra estrategia y cuándo debemos permanecer igual? ¿Cuándo está bien rechazar comer algo que te da nauseas y cuando debemos comer y clamar: «Querido Dios, ayúdame para que esto se quede en el estómago»? Según ampliemos nuestro repertorio de entendimiento y comportamiento cultural, seremos más receptivos a la hora de saber qué respuesta es la apropiada.

Aprender cuándo es apropiado adaptar nuestra conducta a otra cultura, y si debemos hacerlo, es una cuestión compleja. Es más que simplemente conocer el comportamiento de la gente de otras culturas. Requiere hacer uso del conocimiento y de la estrategia de la IC para anticipar lo que la gente de otras culturas espera de nosotros. Los singapurenses tienen una idea preconcebida de cómo esperan que se comporten los australianos, y viceversa. Los latinoamericanos tienen sus ideas de cómo esperan que se comporten los afroamericanos. La globalización de la televisión, las películas y la música ha jugado un gran papel a la hora de crear percepciones preconcebidas de la gente de varias culturas. Aunque las normas representadas sean inexactas, las percepciones que dejan pueden ser muy reales. Si actúas de un modo diferente a esas expectativas preconcebidas, serás sabio si te paras a pensar lo que eso comunicará a tus observadores. Según nos relacionemos con individuos de diferentes trasfondos culturales, deberíamos preguntarnos: ¿cómo espera que actúe esta gente basándose en mi contexto cultural? ¿Cómo debería afectar eso a mi comportamiento? ¿Qué malentendidos es más probable que estén presentes en sus suposiciones sobre mí? Todas estas son consideraciones fundamentales que debemos hacernos acerca de cómo interactuamos y lideramos.

Una de mis curvas de aprendizaje en la acción de la IC implicó darme cuenta de que la inteligencia cultural es una calle de doble sentido. Una vez fui a Singapur directamente desde Sierra Leona, en África Occidental. Cuando llegué a Singapur, empecé a desahogarme con mi colega Soon Ang acerca de un grupo de estadounidenses que había observado en Sierra Leona que llevaban su botella de agua y su gel antibacteriano allá donde fueran. Apenas saludaban a alguien, públicamente se enjabonaban las manos con el gel. A mí me pareció increíblemente insensible y odioso. Soon me preguntó: «¿Por qué esperas que los estadounidenses dejen de utilizar su gel antibacteriano públicamente pero no esperas que los sierraleoneses entiendan que los estadounidenses son más susceptibles a enfermarse en lugares como ese?»

Yo argumenté que los estadounidenses eran los que se encontraban en el extranjero como invitados, por lo que no podían exigir a sus anfitriones que se ajustaran a ellos. Al mismo tiempo, muchos de nuestros encuentros interculturales no implican claras distinciones entre huéspedes y anfitriones. Así que necesitamos explorar cómo convertir la inteligencia cultural en algo que fomentemos en ambas direcciones. La puntualización de Soon era pertinente. Las relaciones interculturales más ricas implican que el comportamiento culturalmente inteligente fluya de ambos lados. Puede que algunos de nosotros estemos en papeles de liderazgo donde podemos ayudar a acoger y desarrollar la inteligencia cultural en ambos lados de la frontera.

Esto nos lleva de nuevo a la pregunta: ¿ser flexibles o no? Yo no aconsejaría a aquellos estadounidenses que bebieran agua del pozo del pueblo. Evidentemente, los viajeros necesitan tomar precauciones realistas para evitar que ellos mismos o sus familias enfermen, independientemente de las potenciales ofensas. Pero los invitados estadounidenses que yo observé podrían haber reducido su agravio si simplemente hubieran sido más discretos acerca de cómo y cuándo usar su gel antibacteriano y su botella de agua.

Hay algunas situaciones en las que la mejor opción es no adaptarse en absoluto. Ajustarse al comportamiento de la otra cultura es una espada de doble filo. Ciertos niveles de adaptación en los estilos y patrones de comunicación interculturales suelen verse como algo positivo porque conducen a percepciones de similitud. Sin embargo, un nivel alto de adaptación se ve como algo negativo. Un mimetismo excesivo se verá como poco sincero y seguramente incluso engañoso.[15] Los individuos que «viven como un nativo» intentan desvestirse completamente de su propia cultura en un ataque de entusiasmo por la otra. Estas personas abrazan todos los valores y prácticas de una nueva cultura con una ilusión que deja perplejos incluso a los que forman parte de esa cultura. Aceptar todo lo que una nueva cultura ofrece sin cuestionarse nada y darle la espalda a la propia cultura nativa de uno no es un comportamiento culturalmente inteligente.

He observado esto a menudo en adultos que trabajan con adolescentes. Los jóvenes se suelen sentir agradecidos cuando sus profesores y entrenadores intentan comprender y respetar lo que hay detrás de las modas y la música de los estudiantes. Pero eso no significa que quieran que sus maestros comiencen a vestirse como ellos y calquen sus listas de música del iPod. No hay nada peor que ver a un entrenador de cincuenta años vestirse y comportarse como un quinceañero. Asimismo, en muchos lugares, se ve cómico y claramente estúpido cuando los extranjeros intentan llevar los trajes nativos. Mujeres vistiéndose con más recato de lo que harían en su hogar u hombres poniéndose más o menos elegantes de acuerdo con la norma cultural es algo apropiado. Pero vestir enteramente a la forma nativa no es la mejor forma de actuar. Del mismo modo, si me invitan a participar en una conferencia en Japón, muchos japoneses se sentirán favorablemente impresionados si soy cortés, educado y reservado hasta cierto punto. Pero no esperan que domine las intrincadas habilidades sociales de Japón tales como hacer reverencias del modo exacto. Una ligera inclinación o un asentimiento con la cabeza es suficiente. De hecho, si yo tratara de imitar en exceso culturas como esa, lo mejor que podría pasar es que vieran mi conducta como divertida, aunque lo más probable es que la vieran ofensiva.

¿Ser flexible o no? ¿Cómo saberlo? Estas preguntas dejan claro por qué la acción de la IC es primordialmente una culminación de los otros tres pasos hacia la inteligencia cultural. En vez de simplemente imitar los comportamientos que observamos, necesitamos adaptarnos basándonos en el conocimiento de la otra cultura y las expectativas de la gente. Usando ese entendimiento cultural, la estrategia de la IC nos ayudará a prestar atención a las pistas apropiadas para evaluar los posibles resultados y a conocer qué conducta es la más aconsejable. Tenemos que preguntar: ¿en qué momento adaptar nuestra conducta a la de los demás aumentará la consecución de nuestros objetivos? ¿En qué momento obstaculizará nuestro rendimiento o, cuanto menos, parecerá forzado y extraño? Las culturas con las que tenemos un contacto continuo y prolongado son escenarios donde debemos aprender con diligencia qué conductas modificar.

Con experiencia y niveles cada vez mayores de inteligencia cultural, algunas de nuestras conductas adaptativas pueden convertirse en algo tan logrado que podremos modificarlas de forma natural sin demasiado esfuerzo consciente. Ese es el objetivo. Queremos llegar al punto donde este alto nivel de pensamiento y acción ocurra con tanta naturalidad como los pensamientos y conductas que representamos en nuestros contextos culturales familiares. Pero llegar ahí puede resultar tan simple como un proceso de ensayo y error. Prueba a ser un poco flexible y observa lo que ocurre. Pruébalo en montones de situaciones diferentes. Pregúntale a un compañero de confianza que entienda el contexto cultural cómo perciben los demás ser flexible o no serlo. Después pregúntale a alguien más. Y después, a otra persona.

El comportamiento es ambiguo. El mismo acto puede tener muchos significados diferentes dependiendo de quién lo haga, dónde y con quién. Pero al avanzar por el ciclo de cuatro pasos de la IC, podremos discernir mejor qué conductas debemos adaptar y cuáles *no*.

Conclusión

Mis dos hijas son muy diferentes una de otra. Emily es muy hogareña y le encanta estar en casa, acurrucarse conmigo leyendo un libro y compartir una larga comida. Grace, por otro lado, no deja de moverse. Ella es feliz cuando hay mucho que hacer. Quiere caminar hasta la tienda, pasar el rato en el lago, jugar al Frisbee o trabajar en un proyecto de arte todo al mismo tiempo. Yo me quiero relacionar con mis hijas de tal modo que exprese mi profundo amor por ellas. Así que interactúo con ellas de forma distinta de acuerdo a sus personalidades únicas. No me convierto en un camaleón. Simplemente quiero que experimenten mi amor de tal modo que sea significativo para cada una de ellas.

No nos es posible conocer las preferencias individuales de todo el mundo con quien nos encontremos en nuestro trabajo. Pero aprender las normas culturales de los diferentes grupos nos ayuda a comportarnos con más eficacia y respeto. Es por eso que la inteligencia cultural es tan importante para mí. Como líder, es una competencia esencial tratar a mis compañeros humanos con dignidad y respeto. Y me permite adaptar mi conducta para conseguir mis objetivos.

Los problemas más comunes en el liderazgo entre diferentes contextos culturales no son técnicos o administrativos. Los mayores desafíos descansan en la falta de comunicación, los malentendidos, los conflictos de personalidad, el liderazgo pobre y un mal equipo de trabajo. La inteligencia cultural se demuestra a través de nuestras interacciones sociales en las relaciones interculturales. La dimensión conductual de la inteligencia cultural implica aprender de nuestra motivación, nuestro entendimiento cultural y las estrategias para modificar con propiedad nuestras prácticas comunicativas y de negociación. La acción de la IC es elegir las mejores maniobras de un repertorio bien desarrollado de conductas que sean correctas para diferentes situaciones.

Podemos disfrutar y respetar las normas y costumbres de los demás sin pensar que tenemos que amoldarnos a todo lo que observemos. La cuestión no es alcanzar un comportamiento intercultural intachable. De hecho, algunas de las grandes lecciones para aprender suceden en nuestras meteduras de pata culturales. Pero según vayamos desarrollando nuestra perseverancia, entendimiento e interpretación, nos vamos acercando a un comportamiento que permita un liderazgo efectivo.

BUENAS PRÁCTICAS PARA LA ACCIÓN DE LA IC

1. *Aprende qué prácticas y tabúes son más importantes en las regiones clave donde trabajas.* Conocer cuándo y cómo intercambiar tarjetas de visita, los protocolos para entregar un regalo y si usar o no la mano izquierda son unos cuantos de los comportamientos específicos que merece la pena dominar. Aunque no puedas conocer todas las prácticas y tabúes, puedes aprender cuáles harán aumentar o estancar tu eficacia.

2. *Busca críticas coherentes.* Tanto los ánimos como las críticas constructivas son esenciales para desarrollar la acción de la IC. Busca el modo de conseguir una valoración honesta de tu trabajo. Tanto

las críticas positivas como las negativas son un modo muy eficaz de mejorar tu habilidad para flexibilizar tu conducta.

3. *Ve acompañado.* Siempre que tengas una reunión o un viaje que implique trabajo intercultural, que alguien te acompañe. Procesar los desafíos y las recompensas de la negociación y el trabajo intercultural conjuntamente es mucho más eficaz que hacerlo de forma individual.

4. *Valora la acción de la IC en cualquier contratación para directivos clave.* Aunque contratar una plantilla que vaya incrementando su diversidad es una decisión vital y estratégica, no es suficiente contratar simplemente más mujeres o más gente de otro color. Todos los puestos de directivos, incluso (y especialmente) los puestos que sustentan individuos que provienen de la cultura dominante, deberían ser ocupados por gente con una conducta culturalmente inteligente.

5. *Desarrolla una política de tolerancia cero para las bromas inapropiadas y el lenguaje inadecuado dirigidos hacia cualquier grupo cultural específico (incluidos los grupos socioétnicos, por orientación sexual o por religión).* Anima a la diversidad permitiendo flexibilidad en el vestuario y en el comportamiento siempre y cuando no interfiera en los objetivos de tu organización.

Tercera parte

¿Cómo aplico la IC?

Capítulo 8

MIRA EL CAMINO QUE TE QUEDA POR RECORRER: PRUEBAS Y CONSECUENCIAS DE LA IC

Simon pasó otros seis meses en la escuela de Nueva Inglaterra antes de decidir que simplemente no era una buena opción. Incrementó de forma significativa su habilidad para ver lo que estaba pasando y fue capaz de expresar algunas de las conductas que necesitaba cambiar para adaptarse a la cultura de la escuela. Sin embargo, no percibió una disposición mutua para adaptarse a él.

Como si el desafío de liderar una escuela combativa en Nueva Inglaterra no fuera suficiente, Simon procedió a adquirir una joven compañía que proporcionaba asesoramiento y formación ejecutiva para altos líderes. La compañía había tenido mucho éxito en Estados Unidos, pero el último propietario había expandido el negocio a Europa y Asia y los márgenes de beneficio habían decaído durante los últimos cinco años. En el último, la compañía había perdido un millón de dólares. Simon aprendió algunas cosas clave acerca de él mismo y del reto de liderar en varias culturas (organizativas, regionales y étnicas). Quería ver si podía lanzarse a nuevo desafío multicultural y ayudar a otros líderes a hacer lo mismo. Durante los siguientes meses, Simon y yo intercambiamos docenas de correos electrónicos y llamadas de teléfono, y compartimos unas cuantas comidas. Él quería aprender más acerca de la inteligencia cultural para ver si podía aplicarla a su propio liderazgo y al liderazgo de aquellos a los que servía su compañía.

En su estilo directo pero afable, me dijo: «Muy bien, Dave. Muéstrame qué significa la investigación de la IC para gente como yo». Tenía tres preguntas primordiales para hacerme:

1. ¿Existen resultados comprobados derivados de liderar con inteligencia cultural?»

2. «¿Hay algún modo de predecir si alguien tiene inteligencia cultural?»

3. «¿Cuáles son los mejores modos de desarrollar inteligencia cultural?»

Este capítulo comienza como una conversación con Simon. Primero, le resumí las consecuencias de liderar con IC, después le compartí las cosas que pueden predecir la IC de alguien y finalmente le reseñé docenas de formas de volverse más inteligente culturalmente. De un modo similar, las dos primeras secciones de este capítulo ofrecen un breve resumen de la investigación acerca de los resultados clave y los vaticinadores de la inteligencia cultural.[1] La sección «Formas de desarrollar la IC» un poco más adelante enumera varias sugerencias prácticas para desarrollar la IC.

Resultados de la IC

Volvamos al punto de partida, a la pregunta del capítulo 1: ¿Por qué la IC? Ahora que tenemos una comprensión más grande de lo que es la IC y de cómo se desarrolla, ¿entonces qué? Un número creciente de ejecutivos identifican la IC como algo muy decisivo a la hora de ofrecerles una ventaja competitiva para aprovechar al máximo las oportunidades del escenario del siglo veintiuno. Los estudios demuestran que las organizaciones y los líderes que dan prioridad a la inteligencia cultural tienen más posibilidades de cumplir su misión. De hecho, hay muchas evidencias de que las organizaciones que dan prioridad a la inteligencia cultural están experimentando varios beneficios, entre los que se encuentran los siguientes:

Mejoras del rendimiento

La IC es un fuerte vaticinador del rendimiento y la adaptación globales de un líder cuando se encuentra en situaciones multiculturales.[2] De hecho, cuando se comprueba entre ejecutivos de varias organizaciones en todo el mundo, la relación entre la IC y la actuación exitosa interculturalmente de un líder era mucho más fuerte que la relación entre las características demográficas de un líder (la edad, el género, la localización) y cómo él o ella se desenvuelve en contextos multiculturales. Lo mismo era cierto acerca de las habilidades cognitivas. La IC tenía más que ver con el rendimiento global intercultural de un individuo que cosas como los logros académicos o un coeficiente intelectual excepcional. En particular, se vio que la determinación, la estrategia y la acción de la IC tenían una relación positiva con el éxito de un individuo al llevar a cabo una tarea.[3]

Barclays, un gigantesco proveedor de servicios financieros, utilizó la inteligencia cultural con sus líderes más destacados para lidiar con el florecimiento de las operaciones de la compañía en Europa, África, Asia, Australia, ambas Américas y Oriente Medio. Cuando la compañía comenzó a inculcar la inteligencia cultural entre los altos niveles ejecutivos, Barclays experimentó un crecimiento en el nivel de participación local que se sintió por todo lo ancho de su extensa plantilla global. Lloyds TSB aceptó el desafío de mejorar las relaciones con los clientes por medio de la IC, lo que dio como resultado un aumento del flujo de ingresos y una gestión de costes mejor. Y Levi Strauss ha modificado significativamente su estrategia de marketing global como resultado de la IC y simultáneamente ha encontrado una correlación en los márgenes de beneficios de la compañía.[4] Muchas otras empresas, universidades, organizaciones benéficas y gobiernos se han hecho con ganancias similares utilizando la inteligencia cultural para conseguir sus resultados deseados.

Mejor toma de decisiones

El enfoque del sentido común y de dejarse llevar por el instinto a la hora de tomar decisiones no tiene cabida en el mundo del siglo veintiuno. Como se señaló en el capítulo 1, el mayor desafío que identifican los ejecutivos de mayor nivel de hoy en día es comprender a los clientes en múltiples localizaciones.[5] Según los mercados internacionales se van volviendo más importantes, los líderes de un amplio ramillete de organizaciones empiezan a reconocer una relación positiva entre la inteligencia cultural y su habilidad para tomar decisiones informadas a la luz de las interminables diferencias culturales.

Sin el conocimiento que ofrece la inteligencia cultural, las organizaciones se encuentran en desventaja a la hora de tomar decisiones estratégicas tanto en sus operaciones del día a día como, particularmente, en medio de una crisis.[6] Ninguna industria ha sentido la necesidad de juzgar mejor las situaciones interculturales como las aerolíneas. Desde el 11 de septiembre, las aerolíneas son plenamente conscientes de la posibilidad de tener que enfrentar una crisis. Pilotos de dos e incluso de tres trasfondos culturales diferentes comparten cabina y responsabilidades de vuelo. Los vuelos internacionales dependen de la comunicación entre pilotos y controladores aéreos en numerosos países. Todos queremos que esos individuos sean capaces de comunicarse con eficacia y de tomar buenas decisiones. La aerolínea Lufthansa cree que la inteligencia cultural juega un papel central en su estrategia global de gestión de crisis. Se ha visto que la inteligencia cultural predice una mejor toma de decisiones en los líderes que trabajan con asuntos y personas de forma intercultural (¡casi todos nosotros!). En particular, hay una relación positiva entre las dimensiones del conocimiento y la estrategia de la IC y una mejor toma de decisiones.[7]

Flexibilidad

La flexibilidad es la habilidad que se cita más a menudo como necesaria para trabajar entre culturas. Pero rara vez se les ofrece a los líderes formación y herramientas específicas para aprender cómo ser más flexibles. La inteligencia cultural está relacionada directamente con la habilidad de un líder para trabajar y adaptarse a un entorno donde las suposiciones, los valores y las tradiciones difieren de aquellos de su contexto local.[8]

Los directivos de división y los directores ejecutivos con altos niveles de IC trabajan con más eficacia con equipos multiculturales en comparación a los líderes con bajos niveles de IC.[9] Tienen más éxito formando entornos de colaboración en una diversidad de culturas y pueden adaptar sus estrategias para usarlas en diferentes situaciones culturales.

Expansión internacional

La inteligencia cultural también juega un papel significativo en la habilidad de un líder para desarrollarse y expandirse internacionalmente. Doug Flint, director financiero del gigante bancario HSBC, dice:

> Si fueras a asistir a un foro de negocios en Europa y Estados Unidos y preguntaras qué país va a ser el más importante en el entorno global en los próximos veinticinco años, sospecho que una gran mayoría diría China, y otro gran número diría India. Si entonces preguntaras cuánto conoce la gente de Europa y Estados Unidos la historia y la cultura de esos países, la respuesta sería que una cantidad insignificante.[10]

Las organizaciones con líderes culturalmente inteligentes en los niveles más altos de la gestión son más propensas a tener éxito al expandirse por los mercados extranjeros que aquellas con líderes con bajos niveles de inteligencia cultural. Todo, desde dominar la habilidad de negociar y presionar a los gobiernos hasta la utilización efectiva de los canales informales de comunicación son herramientas que se encuentran con más probabilidad entre los líderes que son culturalmente inteligentes.[11]

El empleador al que todos eligen

En el capítulo 1, señalamos que atraer y retener el buen talento es otra de las necesidades apremiantes que sienten los líderes ejecutivos.[12] Las oportunidades de una compañía de ser el empleador al que todos eligen para trabajar crecen cuando los contratados ven que la IC se valora y se toma como modelo en toda la compañía. Empresas como Novartis y Nike vieron que los candidatos más perspicaces identificaron el hecho de tener una mentalidad culturalmente inteligente como una de las cosas más importantes que buscaban en un potencial empleador. Querían unirse a compañías como IBM, que ven la diversidad como una ventaja de vanguardia para los negocios en vez de como una barrera o un mal necesario.

Cerca del 85 por ciento de los líderes emergentes «están totalmente de acuerdo» en que las sensibilidades globales y un compromiso hacia el bien común son extremadamente importantes para ellos a la hora de pensar en un empleador actual o futuro. Quieren trabajar en lugares donde puedan crecer y desarrollar la IC al verla como modelo y prioridad.[13]

Evitar quemarse y cómo crear la satisfacción personal

Los líderes que desarrollan inteligencia cultural son menos propensos a experimentar el síndrome del trabajador quemado, una de las mayores amenazas para las organizaciones y los líderes de hoy. Este hallazgo fue especialmente relevante para los viajeros de negocios que hacen trayectos cortos, y de los que se espera que vuelen de un lugar para otro mes tras mes.[14] Con inteligencia cultural, estos viajeros tienen un modelo de cuatro pasos que les guía. El estrés y el cansancio son resultados inevitables para cualquier líder que trabaje en contextos cada vez más diversos. Es más difícil hacer las mismas tareas en una nueva cultura que en casa. La inteligencia cultural mitiga la sensación de quemazón que a menudo conlleva liderar en situaciones interculturales y, como resultado, crea una creciente sensación de satisfacción personal. Esto se relaciona con el desarrollo de las habilidades transformativas del liderazgo.[15]

Se necesitan muchos más estudios para validar más allá de esto los resultados de liderar con inteligencia cultural; sin embargo, las conclusiones iniciales son extremadamente prometedoras. Simon estaba de acuerdo. Solo un año después de haber adquirido su nuevo negocio, había hecho que la compañía de asesoramiento ejecutivo volviera a tener ganancias. Aunque la expansión internacional había creado pérdidas los años anteriores, fueron los mercados internacionales los que rindieron los mayores beneficios en el primer año de liderazgo de Simon.

Vaticinadores de la IC

¿Qué cosa, si es que hay algo, vaticina si alguien tiene inteligencia cultural? Se han llevado a cabo docenas de estudios en América, Asia, Australia y Europa para investigar qué rasgos de la personalidad y qué experiencias son más probable que influyan a un individuo a acrecentar la IC. Estos hallazgos son importantes para ayudar en el proceso de contratación y promoción.

Rasgos de personalidad

Cuando definimos la inteligencia cultural en el capítulo 2, se señaló que su énfasis *no* está en una personalidad predispuesta sino en una capacidad que se puede desarrollar. Todo el mundo puede hacer crecer su inteligencia cultural. Una vez dicho esto, hay algunas conexiones entre los grandes cinco rasgos de la personalidad y las cuatro dimensiones de la inteligencia cultural. El modelo de los cinco grandes rasgos de personalidad se considera la investigación basada en datos más exhaustiva sobre la personalidad. Observa en la vista general de la Tabla 8-1 cómo estos cinco rasgos de personalidad se relacionan con las dimensiones de la IC. Una X significa una relación positiva entre el rasgo de personalidad y la respectiva dimensión (por ejemplo, «Extroversión» vaticina altos niveles de determinación, conocimiento y comportamiento de la IC, pero no de estrategia. «Ser agradable» vaticina altos niveles de acción de la IC pero no de las otras tres dimensiones).[16]

Si buscas en Internet algún test sobre el modelo de los cinco grandes rasgos de personalidad, hay muchas pruebas gratuitas que se pueden hacer en línea y que proporcionan al instante un informe de tus tendencias en cada uno de estos rasgos. Esta clase de comprensión te ayudará a ver qué dimensiones de la IC te resultarán más naturales. Ser extrovertido no es garantía de tener una acción de la IC elevada. Pero junto a los otros modos de desarrollar la IC, existe una relación directa entre la extroversión y la acción de la IC. Como se señala en la Tabla 8-1, ser abierto a nuevas experiencias, o tener curiosidad por el mundo, está relacionado con las cuatro dimensiones de la IC. Examina la relevancia del resto de relaciones identificadas en la Tabla 8-1 tanto para ti como para tu equipo.

Tabla 8-1. Relación entre los rasgos de personalidad y la inteligencia cultural

Rasgo de personalidad	Definición	Motivación	Conocimiento	Estrategia	Acción
Extroversión	El grado en el cual el individuo es abierto, sociable, y obtiene energía al estar con otra gente	X	X		X
Ser agradable	El grado en el cual un individuo es cooperativo y de confianza en vez de sospechoso y hostil				X
Diligencia	El grado en el cual un individuo es disciplinado y planificador en vez de espontáneo			X	

Estabilidad emocional	El grado en el cual uno se mantiene en el mismo punto emocional y controla su ansiedad				X
Apertura a la experiencia	El grado en el cual alguien es imaginativo y abierto a una variedad de experiencias y perspectivas	X	X	X	X

Experiencias

También existen tres experiencias clave que sistemáticamente revelan una relación positiva con la IC: la experiencia intercultural, el nivel educativo y el trabajo con equipos multiculturales. Estas experiencias indican muchas de las buenas prácticas que se sugieren a lo largo del libro para aumentar la inteligencia cultural.

La experiencia intercultural en sí misma no asegura la inteligencia cultural, pero cuando se une a otras de sus capacidades, juega un papel importante. En particular, los individuos con múltiples vivencias en una variedad de lugares experimentan más los beneficios de las interacciones y viajes interculturales que aquellos que solamente han estado en un sitio o dos, incluso aunque haya sido por largo tiempo. A la vez, tanto más positiva es la conexión entre tu experiencia intercultural y la inteligencia cultural en cuantos más países hayas vivido durante más de un año.[17] Las experiencias en la infancia tienen menos peso a la hora de desarrollar la IC que las experiencias adultas donde nosotros tomamos nuestras propias decisiones acerca de nuestro viaje, trabajo e interacción intercultural. En su conjunto, la experiencia intercultural está relacionada de forma positiva con las cuatro dimensiones de la IC y con las habilidades globales de la IC de cada uno. El hecho de que aumente el número de personas que viajan por todo el mundo es una prometedora influencia para el crecimiento de la inteligencia cultural.[18]

El nivel educativo también está muy relacionado con la inteligencia cultural. Una formación avanzada, tanto formal como informal, muestra una relación positiva con la puntuación global de inteligencia cultural de cada uno. La educación universitaria y de postgraduado, en especial, nutre una habilidad para encajar de un modo fundamental con sistemas más complejos de percibir el mundo. De nuevo, aunque no es un solo vaticinador, el nivel de educación y la inteligencia cultural están relacionados de forma directa.[19] Aunque la formación no debería ser el único modo de desarrollar la IC, es valiosa.

Finalmente, nuestra identidad global es nuestra sensación de pertenecer a grupos de trabajo culturalmente diversos. El grado en el cual participas en equipos multiculturales juega un importante papel para ayudarte a adaptarte a diferentes situaciones culturales. Hay una relación positiva entre la inteligencia cultural y el trabajo para una organización con un equipo diverso en vez de uno homogéneo.[20]

Hay un gran número de otras relaciones en fase de investigación que incluyen la influencia del género, la edad, la orientación religiosa y la profesión sobre la IC; pero la exploración de estos factores todavía es muy incompleta para sugerir cualquier relación predictiva. Aunque ver la conexión entre estos rasgos de personalidad y las experiencias puede ser útil, la inteligencia cultural es dinámica y se compone de un conjunto de habilidades que pueden cultivarse y madurar en cualquiera de nosotros, con independencia de nuestros rasgos de personalidad y experiencias. El modo más útil para valorar la IC en nosotros y en los demás es a través de una evaluación de la IC y mirando los indicadores que se describen en los capítulos del 3 al 7.

Formas de desarrollar la IC

Finalmente, necesitamos explorar formas concretas de desarrollar la inteligencia cultural mientras seguimos ocupándonos de nuestras ajetreadas vidas. La segunda parte del libro estaba dedicada a describir cómo desarrollar la IC a través del ciclo de cuatro pasos, un resumen de lo cual aparece en el cuadro de las páginas 176-177. Además, hay docenas de formas prácticas de aprovechar las actividades cotidianas para hacer crecer la inteligencia cultural. Algunas de estas ideas han aparecido previamente en las buenas prácticas de cada paso, pero he incluido una lista aquí con todo lo necesario para ver un modo realmente sencillo de trabajar en el desarrollo de la inteligencia cultural.

* *Lee.* Un libro como este puede ofrecer una introducción rápida a un concepto como la inteligencia cultural, pero las biografías, las memorias y las novelas ofrecen un encuentro mucho más sólido y visceral con gente y lugares interculturales. Puedes ver mis sugerencias en www.davidlivermore.com.
* *Ve al cine.* Hay un gran número de películas que también ofrecen una panorámica de otro mundo. Nos permiten salir de nuestras circunstancias inmediatas para comparar nuestras experiencias con los que están en otro contexto. Visita www.davidlivermore. com para ver algunas de mis favoritas.
* *Come fuera.* Expande tus horizontes y prueba algunas comidas étnicas. Si es posible, compártelas con alguien proveniente de esa misma cultura, y mira si él o ella puede ofrecerte alguna perspectiva sobre los diferentes platos.
* *Escribe un diario.* Haz una crónica de tus observaciones, experiencias y preguntas interculturales. No escribas para un público. Simplemente escribe tus pensamientos, sentimientos y diatribas. Compara tus expectativas con tus experiencias y toma nota de cómo tus reflexiones cambian a través del tiempo y las situaciones.[21]
* *Aprende una nueva lengua.* Toma clases de idiomas o contrata a un tutor. Después, ve a algún lado y practica. O ponte a prue-

ba con un programa como Rosetta Stone o con alguno de los programas de inmersión lingüística que se ofrecen en muchos lugares del mundo.

- *Asiste a celebraciones culturales.* Con la creciente diversidad que se encuentra en muchos lugares del mundo, las celebraciones étnicas locales se están convirtiendo en algo fácilmente disponible para muchos de nosotros. Localiza una organización étnica en una comunidad cercana y asiste a sus celebraciones culturales. Di que sí cuando te inviten a una boda étnica.
- *Ve al templo, la mezquita o la iglesia.* Elige cuál de estas opciones te resulta más *incómoda* y visítala. Sé respetuoso, por supuesto, y mira si puedes suspender tus juicios acerca de los fieles de esta religión. Simplemente observa lo que ocurre. Intenta comprender su subcultura.
- *Consume varias fuentes nuevas.* No accedas siempre a las noticias desde el mismo lugar. Si tienes un favorito, está bien, pero diversifícate para ver cómo otros sitios de noticias informan sobre el mismo evento o historia. Y encuentra fuentes que puedan mantenerte informado de forma global acerca de los grandes acontecimientos de todo el mundo, como la BBC, las emisoras públicas o www.worldpress.org.
- *Busca la cultura.* Mantén tus ojos abiertos continuamente para ver cómo la cultura afecta a lo que ves. ¿Qué dice la página web de una compañía acerca de lo que son? ¿Por qué un restaurante ha elegido ese logo? ¿Por qué las casas de este vecindario lucen así?
- *Únete a un grupo multicultural.* Ya sea un grupo de lectura, una banda de música o una mesa redonda sobre liderazgo, busca modos de sociabilizar con grupos de gente étnicamente diferentes y observa cómo la cultura modela la forma en que cada persona se comporta.
- *Toma clases de actuación.* A menudo los actores invierten semanas e incluso meses en investigar la vida de un personaje que van a interpretar sobre el escenario. Tienen mucho que enseñarnos acerca de cómo adaptar nuestro comportamiento interculturalmente.

- *Encuentra un asesor cultural.* Encuentra a alguien que entienda los desafíos de construir puentes entre las culturas con las que tú tienes mayores problemas. O, al menos, encuentra a un compañero que se una a ti en el viaje hacia el crecimiento de la IC.
- *Toma clases.* Los cursos y la formación sobre la cultura en varias regiones del mundo pueden jugar un papel significativo en la mejora de nuestras experiencias culturales. Los mejores cursos incluyen alguna clase de inmersión en varios contextos culturales donde realmente pasas tiempo interactuando con gente de esa cultura.
- *Viaja.* Hay muchos lugares divertidos, seguros y relativamente baratos donde puedes ir de vacaciones o estudiar sin gastar una montaña de dinero. Averigua los lugares predilectos, pasea por las calles, compra en los mercados locales y absorbe tanto de la cultura local como puedas sin hacerte pesado.
- *Lee los diarios locales cuando viajes.* Busca un periódico local allá donde vayas. Échale una ojeada a todo: anuncios, clasificados, avisos públicos. Puedes conseguir una fascinante perspectiva de un lugar leyendo lo que se informa en sus noticias locales. Incluso revisando los obituarios.
- *Crea un club de fe.* Involúcrate en un diálogo ecuménico con gente de otras religiones. Lee libros de autores con los cuales probablemente no estarás de acuerdo.[22]
- *Crea listas de tabús.* Escribe las palabras o conductas a evitar en la cultura en particular con la que trabajes. Mantén esa lista en algún lugar cerca de ti para que puedas añadirle cosas y revisarla cuando sea necesario.
- *Ve al museo.* Visita un museo y aprende acerca de la historia o el arte de varias culturas. Asiste a alguna conferencia sobre la historia o la literatura del lugar donde trabajes.
- *Haz un juego de roles.* Elige una conducta que sea diferente a lo que normalmente haces (por ejemplo, comer con la manos o hablar muy cerca de alguien) y practícala. Hazte con un grupo de amigos e inténtenlo juntos.
- *Habla con los taxistas.* Pregunta a los taxistas por su punto de vista sobre los sucesos locales. Muchas de mis mejores perspec-

tivas de un lugar han venido de ellos. Conocen la ciudad y se encuentran con todo tipo de personas. ¡Aprende de ellos!

- *Toma el transporte público.* Aunque solo sea por un par de estaciones, súbete al tren o al autobús para viajar del modo en que lo hace un gran número de locales. Prueba a hacer el ejercicio de observar/interpretar mientras viajas (consulta la Figura 6-1).
- *Da un paseo por la tienda de comestibles.* Aunque no vayas a comprar nada, para en el supermercado local. Fíjate en los tipos de comida que se venden, en cómo están colocados y en quién está haciendo la compra.
- *Pregunta, pregunta, pregunta.* Haz preguntas. Escucha atentamente. Haz preguntas. Escucha atentamente. Haz preguntas. Escucha atentamente. No se me ocurre nada más crucial que esto en el viaje hacia la inteligencia cultural. Haz preguntas de ti mismo continuamente. Haz preguntas de otros continuamente. Y escucha lo que responden (¡y lo que *no* responden!).
- *Identifica tu dimensión más débil de la IC (determinación, conocimiento, estrategia o acción).* Consulta las buenas prácticas que se enumeran al final de cada capítulo correspondiente a cada paso que te resulte más difícil. Empieza por ahí.

Hay muchas más posibilidades. Estas prácticas tienen un valor limitado sin una explicación más completa de cómo se ajustan al marco de la inteligencia cultural. Pero es importante que veas que la inteligencia cultural no necesita ser una búsqueda abrumadora que te robe todo el tiempo. Muchas de estas actividades pueden encajar en nuestras agendas y actividades programadas.

CÓMO CONVERTIRSE EN ALGUIEN MÁS INTELIGENTE CULTURALMENTE

Primer paso: Determinación de la IC

- Sé sincero contigo mismo.
- Examina tu nivel de confianza.

- Come y socializa.

- Considera los beneficios.

- Trabaja en el triple objetivo.

Segundo paso: Conocimiento de la IC

- Observa el papel de la cultura en ti mismo y en los demás.

- Examina los sistemas culturales básicos.

- Aprende los valores culturales básicos.

- Entiende los diferentes lenguajes.

Tercer paso: Estrategia de la IC

- Toma más conciencia.

- Planifica tus interacciones interculturales.

- Comprueba que tus planes y suposiciones fueron acertados.

Cuarto paso: Acción de la IC

- Adapta tu comunicación.

- Negocia de forma diferente.

- Conoce cuándo ser flexible y cuándo no.

Conclusión

Hace poco Simon me contó que no necesitaba más argumentos para creer en el valor de la inteligencia cultural. Lo ha visto en su propio liderazgo y en su compañía. Está en su segundo año al mando de la empresa que adquirió. Se halla liderando a un equipo de formadores y mentores geográficamente dispersos en quince país, y la compañía acaba de tener su mejor año de ganancias. Yo sería el primero en reconocer los numerosos factores que han contribuido al éxito de Simon. Pero cuando se le pregunta a su personal en quince países, su evaluación del liderazgo de Simon es que posee una habilidad inusual para ofrecer una visión convincente y unificadora de la compañía, a la vez que permite que cada miembro de cada unidad contextualice su trabajo de la mejor manera. Es difícil creer que este sea el mismo líder al que sus colegas de Nueva Inglaterra describieron como «poco auténtico y manipulador».

La inteligencia cultural está ligada directamente al rendimiento de la persona y de la organización. Un cierto número de factores da forma a la IC de un individuo, pero cualquier persona puede crecer en el viaje hacia una mayor eficacia intercultural. Cenar, ver una película, un viaje en taxi y un paseo por una tienda de comestibles son formas sencillas de empezar a desarrollar tu IC esta semana.

CAPÍTULO 9

RECLUTA A COMPAÑEROS DE VIAJE: CÓMO DESARROLLAR LA IC EN TU EQUIPO

La inteligencia cultural es un importante conjunto de herramientas para cualquiera que viva y trabaje en el mundo del siglo veintiuno, pero es esencial para los líderes que quieran *liderar*. Los negocios lucrativos y sostenibles necesitan ejecutivos que comprendan los diferentes mercados. Las misiones militares de éxito dependen de oficiales que puedan liderar a su personal a participar de manera estratégica. Las causas benéficas necesitan líderes con una mente global que puedan trabajar con eficacia a través de las fronteras nacionales.

Si los líderes no se vuelven culturalmente inteligentes, se verán manejados por las culturas donde trabajan en vez de liderar por medio de sus valores y objetivos rectores.[1] Gran parte de este libro está centrado en el desarrollo personal de la inteligencia cultural de aquellos de nosotros que ocupamos puestos de liderazgo. Pero según vamos descubriendo los beneficios de la inteligencia cultural, inevitablemente queremos ver cómo se convierte en una influencia de referencia en todas nuestras organizaciones. Este capítulo final cubre un número de estrategias clave para liderar una organización culturalmente inteligente.

Integra la IC a tu misión global

Conducir a una organización a ser más inteligente culturalmente comienza por casar la inteligencia cultural con tu misión global. En vez de hacer de la IC una cuestión y un factor auxiliar, cose el hilo del respeto y del compromiso global efectivo directamente en la tela de la visión de tu organización. Esto quizá signifique redefinir lo que simboliza el «éxito» para tu organización. Incluye medidas para la responsabilidad social y el respeto junto con los objetivos financieros. No subestimes la conexión entre estas dos partes. Permea tu plan estratégico con pasos de acción que te hagan avanzar hacia una conducta más inteligente culturalmente. En vez de sentirte forzado e invadido por la globalización y los equipos de trabajo virtuales, aprovecha al máximo las fortalezas y oportunidades que existen dentro de estas realidades del siglo veintiuno.

Imagina ser una organización que no solamente sobrevive en el caótico e impredecible mundo de la globalización, sino que realmente prospera en él. Desarrolla una visión que desafíe las pésimas estadísticas que predicen que hay un 70 por ciento de probabilidad de error en las aventuras internacionales. Y créete que los líderes y las organizaciones culturalmente inteligentes disfrutan de unos beneficios tangibles y altruistas que superan de lejos los costes. Como se demuestra en el estudio citado a lo largo de este libro, queda probado una y otra vez el valor económico añadido por la integración de la inteligencia artificial a tu puesto de liderazgo y a tu organización. Únete a un movimiento de líderes que están haciendo de la inteligencia cultural su modus operandi para el liderazgo del siglo veintiuno, haciéndolo un punto central en tu misión, tu visión y tus valores.

Construye el compromiso con los líderes superiores

A menos que los líderes superiores encarnen los valores y la visión de tu organización, estas ideas permanecerán como meras palabras en una presentación de PowerPoint o en la página web. Esto es especialmente cierto cuando se abraza una visión para convertirse en una fuerza más inteligente culturalmente en el mundo. El nivel de IC entre los líderes superiores es la variable más regular ligada a si una organización funciona o no en el mundo con una trayectoria de dignidad, respeto y responsabilidad social. Los líderes superiores tienen que priorizar la inteligencia cultural a fin de que esta se convierte en una característica guía y en un modus operandi a lo largo de toda la organización en su conjunto. Imitar y responder a las circunstancias en constante cambio y a la promulgación de una estrategia global descansa en un equipo de líderes superiores que puedan hacer uso del ciclo de cuatro pasos de la inteligencia cultural.[2]

Comienza mostrando una visión para tus líderes de lo que sería convertirse en una organización más inteligente culturalmente. Estas son algunas de las preguntas que suelo utilizar cuando hablo con los líderes superiores acerca de esto:

* ¿Cuáles son sus objetivos de rendimiento clave?
* ¿Cuáles son los mayores desafíos que dificultan la consecución de esos objetivos?
* ¿De qué modo la cultura juega un papel en sus desafíos (por ejemplo, una plantilla dispersa, equipos multiculturales, mercados culturalmente diversos, proyectos fuera de las fronteras, viajes cortos)?

Comunica los modos en que la inteligencia cultural puede ayudar a sortear las barreras más importantes que enfrenta tu equipo. Explica el ciclo de cuatro pasos del modelo de inteligencia cultural y repásalo con regularidad en las situaciones culturales a las que te enfrentes como líder. Haz que cada líder complete una evaluación (hay más información disponible en inglés en http://www.cq-portal.com).

Después, desarrolla un plan colaborativo para que la inteligencia cultural no sea algo negociable en el futuro de tu organización. No puede relegarse sencillamente a un departamento como Recursos Humanos u Operaciones Internacionales. Los líderes superiores tienen que forjar personalmente el camino a la hora de liderar con inteligencia cultural. La IC debe entretejerse en cada parte de la organización.

Llena tu organización de equipos cargados de IC

Aunque los individuos en las posiciones más altas del liderazgo tienen que marcar el camino abrazando y priorizando la inteligencia cultural, al final la mayor parte del personal de una organización necesita en alguna medida inteligencia cultural. Cuanto mayor sea el grado de distancia cultural que se encuentren los miembros del equipo en su trabajo diario, mayor importancia tendrá que comprendan y crezcan en inteligencia cultural. Por lo tanto, los puestos más obvios en donde se debería requerir dominar las herramientas de la inteligencia cultural en tu equipo incluyen los directivos de proyectos internacionales, los que tengan misiones en el extranjero y los representantes que se espera que viajen en tu nombre.

Piensa en cómo desarrollar la inteligencia cultural incluso entre aquellos empleados que no tengan la clase de puestos con la responsabilidad directa de negociar y trabajar interculturalmente. La visión y los valores de tu organización son, en última instancia, cualquier experiencia que el cliente tiene cada vez que se encuentra con un miembro de tu equipo. El personal de apoyo que responde correos electrónicos y devuelve llamadas telefónicas *es* tu organización para el individuo al otro lado de la línea o del ordenador. El profesor que está detrás de las puertas cerradas de una clase *es* tu universidad para sus estudiantes. La enfermera que trata al inmigrante *es* tu hospital para ese paciente y su familia. Reflejar la inteligencia cultural en el modo en que escribes un comunicado de tu misión, comercias con tus productos o compartes tu visión es importante. Sin embargo, palidece frente al papel que juega tu personal a la hora de comunicar cómo tu organización funciona con la gente diferente. El modo en que tu equipo se comporta interculturalmente repercute tanto en toda la organización como en ellos a nivel individual. Comienza evaluando el grado en que la inteligencia cultural es importante para diversas funciones de la organización. Dos de los puestos donde la IC es extremadamente importante son el personal de recursos humanos y aquellos que tienen que viajar y trabajar internacionalmente.

Personal de recursos humanos

Hay pocos departamentos para los cuales la inteligencia cultural tenga tanta relevancia en su trabajo diario como el de recursos humanos. ¡No contrates a un director de recursos humanos que no tenga una IC fuerte! El personal de este departamento va a necesitar IC para analizar y cubrir varios puestos de trabajo dentro de la organización y para las prácticas de contratación, evaluaciones de rendimiento, formación y planificación profesional.[3] El ciclo de cuatro pasos ofrece a los trabajadores de recursos humanos un modelo consistente para todo, desde el fomento del respeto entre las dispares plantillas de trabajadores hasta la creación de políticas que atiendan la diversidad religiosa y cultural entre el personal. Los directores de recursos humanos necesitan inteligencia cultural para desarrollarla en los demás y para investigar, reclutar y desarrollar a individuos para tareas laborales que incluyan viajes internacionales. La oficina de recursos humanos es un lugar estratégico para comenzar a nutrir la inteligencia cultural.

Viajeros internacionales

Sería deseable que los directores de proyectos que están en contacto diario con proveedores y clientes en los mercados internacionales tuvieran niveles más altos de IC en las cuatro dimensiones que aquellos que trabajan principalmente en el mercado doméstico. Muchos de estos individuos viajarán a esos mercados. Y el personal desplegado en las misiones a largo plazo en el extranjero es quien más necesita la IC. No solo contrates a las personas por su competencia técnica para el trabajo; deben tener una IC más fuerte que los individuos que realicen la misma clase de trabajo en casa. Presta atención a los miembros del equipo y a los candidatos que demuestren una autoeficacia inusual para los proyectos interculturales. Evalúa su IC y considera detenidamente tanto el descartar a los que carecen de ella como el buscar formas de ayudarles a desarrollarse y crecer. Esto puede ahorrarte miles e incluso a veces millones de dólares. ¡No lo descuides! Solo porque alguien sea un gran ingeniero en Atlanta no significa que vaya a rendir igual de bien como ingeniero en Dubái.

Después de seleccionar cuidadosamente a un individuo para un proyecto internacional, ofrécele a la persona formación y desarrollo constantes, no solamente un cursillo para preparar la partida. Obviamente, hay alguna información y algunos consejos que hay que saber de antemano. El énfasis de la orientación antes de su marcha debería estar en aprender cómo sobrevivir los seis primeros meses y qué preguntas hacer. Pero a menudo hay más motivación por aprender acerca de la inteligencia cultural a medio camino de una misión internacional que al comienzo. Mucha de la formación de antes de la partida puede parecer irrelevante y teórica a las personas que mayormente están intentando encontrar el modo de empaquetar sus hogares y trasladarse al otro lado del mundo. Pero después de un tiempo involucrados en la misión en el extranjero, surgirá un nuevo conjunto de preguntas junto a un deseo reprimido de encontrar soluciones para vivir y trabajar en el extranjero. Este es un momento mucho mejor para ofrecer una formación más directa en inteligencia cultural, y es preferible a intentar vacunar a los empleados con demasiada información de antemano.

Investiga a los candidatos para la IC

Para ocupar puestos de trabajo con personal culturalmente inteligente, evalúalos en las cuatro dimensiones de la IC. Además de administrar una evaluación de la IC, estas son algunas de las preguntas para utilizar en las entrevistas, observaciones y comprobación de las referencias:

DETERMINACIÓN DE LA IC
- ☐ ¿En qué grado demuestra interés por las diferentes culturas?
- ☐ ¿Ha buscado oportunidades para trabajar con compañeros de diferentes trasfondos?
- ☐ ¿Se muestra seguro para tener éxito en situaciones interculturales?

CONOCIMIENTO DE LA IC
- ☐ ¿Demuestra perspicacia en el modo en que la cultura influye en su toma de decisiones?

☐ ¿Puede describir las diferencias culturales básicas que existen entre las culturas donde la organización trabaja?

☐ ¿Habla otra lengua?

ESTRATEGIA DE LA IC

☐ ¿Cómo demuestra conciencia de sí mismo y de los demás?

☐ ¿Planifica de forma diferente para interacciones y trabajo interculturales?

☐ ¿Comprueba si su conducta intercultural es eficaz?

ACCIÓN DE LA IC

☐ ¿Puede modificar su comunicación para varios contextos?

☐ ¿Muestra habilidades de negociación flexibles?

☐ ¿Hasta qué punto altera su conducta cuando trabaja con gente y proyectos de diferentes contextos culturales?

Ya sea al promocionar a alguien para un nuevo puesto o al hacer una contratación externa, estas son consideraciones esenciales. Como ya se dijo anteriormente, dos de los puestos clave donde un alto nivel de IC no debería ser negociable son en el personal de recursos humanos y en aquellos que necesiten viajar al extranjero.

Recompensa los buenos resultados en IC

Finalmente, celebra la diversidad existente dentro de tu plantilla de trabajadores y proporciona incentivos para el comportamiento culturalmente inteligente. Ten en mente las diferencias culturales e individuales en lo que motiva a diferentes miembros del equipo. Para alguien, la remuneración económica puede ser el incentivo más convincente, mientras que para otros puede ser sentirse realizados en el trabajo, la seguridad laboral, el horario flexible o el estatus. Desafía a tu equipo para que abrace una motivación trascendente para tratar a la gente con dignidad y respeto y hacer del mundo un lugar mejor. Dales la visión de ser una comunidad de individuos que se comprometan al bien mayor y a ser agentes del compromiso global respetuoso y humano. Considerar esto: un número creciente de organizaciones le están dando a los empleados una semana de vacaciones pagadas para hacer turismo de voluntariado en algún lugar del mundo. Se han dado cuenta del beneficio derivado de tener empleados que hayan viajado a otras partes del mundo y del modo en que eso permite que la organización contribuya a algo más grande que sí misma. A cambio, los empleados aprovechan al máximo una de las grandes herramientas para convertirse en personas más inteligentes culturalmente: los viajes internacionales.[4] Una empresa de manufacturación con sede en Los Ángeles ha creado una fundación con la que la compañía ayuda a proporcionar filtros de agua potable para varias comunidades del África Subsahariana. También ofrecen a sus empleados una semana de tiempo pagado para hacer servicios voluntarios en alguna de esas regiones, e incluso pueden solicitar una subvención de la fundación de la compañía para ayudar a financiar su viaje. Tanto el director ejecutivo como los empleados encuentran un gran beneficio en esta inversión.

Determina las áreas donde es más importante tener personal culturalmente inteligente y trabaja con tu departamento de recursos humanos para asegurar que esos puestos se suplen con gente culturalmente inteligente. El coste del tiempo para los altos ejecutivos y la pérdida de oportunidades por no hacerlo sale demasiado caro. Únete a las organizaciones de vanguardia a la hora de liderar en un mundo diverso que ve la inteligencia cultural como una prioridad impulsora para el personal.

Desarrolla estrategias para la IC

Aunque tener un personal culturalmente inteligente es esencial para hacerse con los beneficios de la inteligencia cultural, ese no es el final. Tu organización también necesita desarrollar estrategias de IC, que son los procedimientos tácticos y las rutinas existentes dentro de la organización que la capacitan para funcionar diariamente en modos culturalmente inteligentes. Mientras identificas tus hitos deseados y trazas los planes específicos para llegar hasta allí, asegúrate de preguntarte cómo las realidades globales y culturales afectarán a esos planes. Me sorprende el gran número de organizaciones que veo que se lanzan de cabeza con iniciativas sin ningún tipo de evaluación de cómo esa iniciativa evolucionará de forma distinta en diversos mercados culturales. Cuando un vendedor te ofrece un servicio basado en un amplio estudio de mercado, pregunta por la demografía de la muestra. O si estás leyendo un informe acerca de las características, necesidades e intereses de los adolescentes, asegúrate de preguntar: ¿qué adolescentes? ¿De los adolescentes de todas partes? ¿De los adolescente de mi país? ¿Qué tipo de adolescentes: jóvenes blancos de clase media que viven en zonas residenciales o jóvenes inmigrantes de barrios marginales? Esta clase de reflexiones concienzudas acerca del papel de la cultura en el modo en que elaboras tu plan estratégico le dará forma al modo en que asignas los recursos (de dinero, personal, terrenos, instalaciones y equipamiento) para conseguir tus metas.

Una compañía de mobiliario de oficina con sede en Estados Unidos recibió una gran muestra de interés por su nueva línea de escritorios y sillas desde Japón. La compañía envió rápidamente dos contenedores llenos de aquellos muebles, alquiló un espacio para la sala de exposición excelentemente situado en el centro de Tokio y después se quedó mirando cómo el mobiliario se quedaba en el escaparate con unas ventas muy limitadas. Hubo montones de personas que entraron y probaron a sentarse en los escritorios, pero se vendieron muy pocos. Mucho después descubrieron que las sillas, que estaban diseñadas para los estadounidenses, de complexión grande, les resultaban incómodas a los japoneses, cuya constitución es más menuda. Y los enormes escritorios simbolizaban una pretensión indeseada por los ejecutivos japoneses. La compañía envió de vuelta todo el mobiliario de nuevo a casa y trabajaron con ingenieros japoneses para rediseñar sus productos específicamente con los clientes asiáticos en mente. Cinco años después, era el distribuidor de mobiliario de oficina más grande de Asia.

El modo en que vemos la I+D, la planificación estratégica, la producción, el marketing y la evaluación está profundamente enraizado en nuestros sistemas y valores culturales. El proceso que usamos para llegar a las decisiones, las suposiciones que hacemos acerca de cómo acontecerá una producción y los planes de marketing que vemos como innovadores y eficaces son todos un reflejo de la cultura. Así que cuando desarrollemos un equipo culturalmente inteligente a nuestro alrededor tenemos que pensar estratégicamente en cómo un buen plan de marketing se verá en México, para no acabar con una campaña entera que rece: «¿Estás lactando?», en vez de: «¿Tomaste leche hoy?»

Si desarrollas una secuencia de producción que presuponga que puedes lograr un contrato con una filial en China a tiempo para llegar a tu plazo de entrega, será mejor aprovechar la inteligencia cultural para determinar cómo negociar de un modo que apele a los valores de los negocios chinos. Y cuando elijas un socio del otro lado de la frontera, necesitas identificar los factores competitivos clave asociados al trabajo que van a realizar juntos, evaluar los riesgos culturales y organizativos conectados a cada uno de esos factores y hacerlos servir en la toma de decisiones de tu compañía.[5] Las estrategias culturalmente inteligentes nos ayudan a identificar, planear y manejar riesgos de antemano así como sobre la marcha cuando llegue lo inesperado... ¡y llegará!

Elabora estructuras para la IC

A continuación necesitamos crear estructuras y mecanismos apropiados para promulgar estrategias de IC. El conocimiento de la IC nos ayuda a formar estructuras que consideren el papel de diversos sistemas (por ejemplo, el legal y el religioso) y valores culturales (por ejemplo, el tiempo y la distancia de poder) en nuestra forma de trabajar en diferentes mercados. Por ejemplo, aunque el sistema que se utiliza para negociar contratos necesite algo de uniformidad en tu organización, también necesita ser suficientemente flexible para conseguir alcanzar un acuerdo de forma realista en varias culturas. Tienes que investigar cómo retener la responsabilidad legal y fiscal (por ejemplo, un contrato firmado) a la vez que te acomodas a los enfoques informales y no oficiales a la negociación que se usan en los países menos industrializados. Las diferencias en la madurez de los marcos legales para las leyes contractuales, los derechos de propiedad y los procedimientos de arbitraje son precisamente las razones por las cuales las estructuras culturalmente inteligentes son necesarias.[6] Me remito a las implicaciones para el liderazgo de los sistemas y valores culturales descritos en los capítulos 4 y 5.

Otra razón para desarrollar estructuras para la IC es darle cabida a la distancia geográfica que existe entre oficinas y filiales en la organización. Esta distancia a menudo da como resultado diferentes zonas horarias y disparidad en las infraestructuras de las telecomunicaciones, el alcance de las fuentes de conocimiento y la escala del negocio de un socio. Una estructura culturalmente inteligente en la distancia física puede incluir un esquema de turnos para las conferencias telefónicas entre los líderes regionales de tal modo que todos puedan compartir los incómodos horarios. Una simple adaptación como esta significa un gran paso para construir una organización culturalmente inteligente.

Las universidades que atraen a una gran cantidad de estudiantes internacionales proporcionan otro modo de pensar acerca de la necesidad de estructuras culturalmente inteligentes. Los estudiantes internacionales a menudo vienen con un paquete de necesidades académicas y personales distintas a las que tienen los estudiantes del país. Se necesitan estructuras culturalmente inteligentes para ayudarles a tener éxito. También se necesitan estructuras flexibles de la misma clase para las diferentes creencias y prácticas religiosas que mantienen el profesorado y los estudiantes.

Uno de los desafíos para las organizaciones culturalmente inteligentes es desarrollar estructuras maleables sin tener que reinventar el proceso entero cada vez que se trasladan a un nuevo contexto cultural. Personalizar y adaptar las estructuras es esencial, pero es insostenible tener que construir una nueva estructura para cada situación. Y en algún punto, tener que recrear tus estructuras y tu línea de productos completamente para cada contexto puede dar como resultado una pérdida total de tu imagen de marca. Las patatas fritas de McDonald's y sus batidos saben más o menos igual en

Chicago que en Delhi. Hay cierta uniformidad en la experiencia de comer en un McDonald's en casi cualquier lugar. Pero los enfoques específicos de cada lugar en los menús demuestran ciertas estructuras flexibles dentro del enfoque internacional de McDonald's. Los sabores de los batidos disponibles en Chicago son diferentes a los de los restaurantes de Delhi. Y el producto básico de McDonald's (la hamburguesa) no está disponible en las tiendas indias. McDonald's ha desarrollado una estructura que demuestra respeto por las convicciones hindúes acerca de comer carne de vacuno. Así que en vez del Big Mac, la McVeggie es la estrella en el menú de los McDonald's en India. Cuando se desarrollan y se transforman estructuras, servicios y productos flexibles, tu equipo se sentirá capaz de funcionar en un modo inteligente culturalmente y productivo.

Crea sistemas de toma de decisiones con IC

El proceso de toma de decisiones es otro elemento clave a la hora de convertirse en una organización más inteligente culturalmente. Cada organización tiene su propio proceso, que funciona a la par con la cultura nacional de la que la organización forma parte. Algunas culturas organizativas usan un modelo de toma de decisiones que pone el interés principal en el establecimiento de normas y en dar forma a la industria o mercado. Por ejemplo, la incursión de Apple Computer en la producción de dispositivos de música portátiles y teléfonos móviles demostró una cultura empresarial que intentaba redefinir el modo en que la gente escuchaba música y usaba el teléfono. Esta clase de culturas no basan sus decisiones fundamentalmente en lo que el mercado dice que está de moda en la actualidad. En vez de eso, quieren crear una nueva norma en las culturas donde trabajan. Por otro lado, muchas otras culturas empresariales se caracterizan por estar enfocadas principalmente hacia el mercado y la pragmática. Estos negocios miran lo que en aquel momento es una tendencia de éxito y ofrecen un producto que aprovecha ese mercado.

Otra diferencia a la hora de tomar decisiones son las organizaciones que basan sus decisiones en datos e investigaciones frente a aquellas que lo hacen de una forma más intuitiva o basándose en un decreto de uno de los máximos líderes de la organización. E incluso hay otras culturas empresariales que conjugan la investigación con un sentido más intuitivo de la buena química acerca de algo, mientras que otras son muy democráticas e incentivan que los empleados y los componentes ofrezcan ideas innovadoras. Ciertamente, es apropiado que una organización desarrolle y retenga su propio estilo a la hora de tomar decisiones, pero este enfoque debe adaptarse cuando se navegue por diferentes culturas étnicas.

Los equipos culturalmente inteligentes preguntan: ¿cómo descubrimos qué innovaciones son dignas de nuestras inversión y energía cuando tomamos en cuenta mercados culturalmente distintos? ¿Y cómo influyen en cómo tomamos decisiones la variedad de culturas y de regiones de nuestro equipo? Desarrolla un proceso de toma de decisiones global que ayude a tu equipo a mantener el equilibrio entre la cantidad apropiada de autoridad autónoma a la vez que saben dónde conseguir ayuda cuando se sientan desconcertados por los embates inesperados que acompañan al liderazgo multicultural.

Facilita un plan de aprendizaje para la IC

Aunque la formación no debería ser el único método para implementar la IC, es una faceta importante. El aprendizaje eficaz sobre inteligencia cultural comienza con la determinación. Ordenar que los empleados aguanten una formación sobre diversidad o sobre negociación transfronteriza no asegura una audiencia interesada. Para aquellos de nosotros que acceden a situaciones de aprendizaje donde se precisa que la gente participe, tenemos que presentar una razón más convincente de por qué les debería importar la inteligencia cultural. Es necesario conectar la inteligencia cultural con sus intereses personales. En la siguiente sección ofrezco algunas sugerencias para educar a tu equipo acerca de la inteligencia cultural.

Exposición oral

Reúne a los miembros de tu equipo y explícales los beneficios de la IC tanto para ellos mismos como para la organización. Y a la inversa, comunica los costes correspondientes a la ignorancia cultural. Utiliza los hallazgos que se reseñan en este libro para demostrar las recompensas de la IC. Habla acerca de la conexión entre la inteligencia cultural y sus objetivos en vez de hablar simplemente de ella como un fin en sí mismo. Haciendo esto, estás aprovechando al máximo el elemento de la determinación de la IC antes de saltar inmediatamente hacia las cuestiones cognitivas de la inteligencia cultural. Enseña el ciclo de cuatro pasos como un modelo a utilizar en cualquier situación intercultural.

Entrégales una copia de este libro y haz que completen una evaluación de IC. Comienza a interesarles por conseguir más entendimiento acerca de cómo la inteligencia cultural puede ayudarles a mejorar su carrera y a prevenir la obsolescencia vocacional.

Capacitación de la división

Exceptuando la exposición oral, no recomiendo hacer mucha formación «de talla única» sobre inteligencia cultural. Mientras los líderes superiores se unen a ti abrazando los valores y prioridades de la inteligencia cultural, encuentra modos de incorporar su aprendizaje en todas las respectivas áreas de tus líderes en la organización. El equipo de ventas tiene que aproximarse a la inteligencia cultural de un modo completamente diferente a como lo hace el equipo de I+D. Lo mismo es cierto para marketing. Claramente hay veces en las que la formación multidisciplinaria es valiosa para evitar que se perpetúe el efecto silo. Pero me he dado cuenta de que muchos empleados se frustran si la inteligencia cultural se enseña simplemente de un modo general y ambiguo en vez de personalizar su aplicación a los puestos y funciones específicos de una organización. Por lo general, debido a su perspectiva más elevada, los altos líderes pueden manejar un debate de miras más amplias acerca de la inteligencia cultural. Pero aquellos que trabajan en las diferentes unidades prefieren tener conceptos como la inteligencia cultural directamente aplicados a su trabajo en términos concretos. Destina la energía primaria a ofrecer experiencia a la división en la aplicación de la inteligencia cultural a las diferentes funciones de tu equipo.

Plan de desarrollo personal de la IC

Algunas organizaciones les piden a sus empleados de todos los niveles que completen un plan de desarrollo personal en su evaluación anual de rendimiento. Incluye la inteligencia cultural como un área donde el personal necesite identificar un plan de crecimiento para el siguiente año. Ofrece asesoramiento acerca de los modos en que pueden hacer algún progreso en la inteligencia cultural durante ese periodo. Cuanto más se alinee el plan con sus motivaciones e intereses personales, mejor. Pídeles un objetivo para cada uno de los cuatro pasos: tareas que se puedan medir para hacer crecer su motivación, conocimiento, estrategia y acciones.

En una gran compañía, los empleados completan un «Plan de medición del rendimiento anual» cada año. Los individuos pueden elegir entre una variedad de ofertas de cursos para cumplir sus objetivos. Varios empleados toman una clase de dos días sobre comercio global como un modo de hacerlo. El curso introduce a los participantes a nuevas perspectivas y técnicas que acercan las fronteras organizativas, nacionales y culturales para satisfacer la demanda de clientes de todo el mundo. Los participantes aprenden a conseguir relaciones empresariales más eficaces y en última instancia a mejorar su rendimiento global.[7]

También puedes considerar ofrecer cursos sobre conocimiento específico de ciertos países, particularmente si tu organización trabaja en su mayor parte en un pequeño grupo de regiones. U ofrecer cursos basados en la habilidad de cómo negociar interculturalmente y hacer avanzar el proceso de negociación por los cuatro pasos. Piensa en ofrecer una serie de cursos de formación acerca de varias conductas de comunicación necesarias como las que examinamos en el capítulo 7. Por ejemplo, puedes ayudar a tu equipo a practicar cómo dar y recibir halagos en varios lugares, cómo hacer peticiones, expresar disculpas y aprender temas apropiados de conversación. Algunas compañías incluso han llevado a directores espirituales para enseñar al personal a desarrollar la habilidad de la conciencia, una parte clave para obtener estrategia de la IC. Las buenas prácticas enumeradas al final de los capítulos del 3 al 7 te darán muchas más ideas de aquello que puedes usar con tu equipo. Aprender otras lenguas, clubs de lectura, viajes internacionales y asesoramiento vocal pueden ser estrategias que ofrecer a tu equipo para que crezca en inteligencia cultural. Hay muchos recursos disponibles para ayudar a los individuos a aprender nuevos modos de ver y hacer las cosas en una gran variedad de contextos.[8]

La manera más importante de nutrir y desarrollar la inteligencia artificial en toda la organización es erigirse estandarte de ella. El objetivo no es sentirse presionado para convertirse en un experto profesor en inteligencia cultural que nunca se frustre ni se equivoque. En vez de eso, demuestra un alto aprecio por los beneficios estratégicos que te trae la inteligencia cultural a ti como líder, a la organización y al bien mayor de la humanidad. Describe la relevancia del ciclo de cuatro pasos en algo que estés haciendo. Y sé modelo del valor de aprender de los errores. De hecho, el uso de experiencias negativas como una fuente de inspiración para el cambio es evidencia de un gran coeficiente en inteligencia cultural. Cuando te encuentras con una nueva cultura, inevitablemente vivirás fallos y reveses. Lo importante no es una conducta sin mancha, sino el modo en que aprendemos de nuestros errores y de las experiencias negativas. Una IC alta nos ayuda a prestar atención a lo que podemos aprender tanto de las buenas como de las malas experiencias interculturales.[9]

Crea a una comunidad de eternos aprendices para trabajar y vivir en nuestro mundo multicultural. Encuentra modos creativos de inspirar y educar a tu equipo para que hagan crecer su inteligencia cultural. Provee de estímulo e inviste a los miembros de tu equipo con autoridad para que tomen posesión de algunas de tus iniciativas emergentes en los nuevos mercados culturales.[10] Guíalos y ayúdalos a aplicar la inteligencia cultural al proyecto. Cuando hagas esto, estarás dándoles un set de habilidades que les permitirá aprovechar al máximo las oportunidades sin precedentes del mundo del siglo veintiuno. Y tu organización tendrá una ventaja decisiva para permanecer en lo alto de la curva de nuestro acelerado mundo.

Conclusión

Con cada trimestre que pasa, la importancia de liderar con inteligencia cultural se vuelve más y más importante. Puedes tener las políticas adecuadas y tomar todas las decisiones tácticas correctamente, pero si no te comprometes con la inteligencia cultural, ¡no te servirá de nada! Cumplir con tus metas de rendimiento se convertirá, como poco, en un asunto peliagudo y tendrás el 70 por ciento de posibilidades de fracasar.

Mira a uno de los líderes más poderosos de principios del siglo veinte: el presidente de Estados Unidos George W. Bush. Ningún otro presidente en la historia de Estados Unidos ha sido más partidario a los tratos con India. Negoció políticas para ofrecer oportunidades ventajosas para India que sobrepasaron a las que su predecesor, Bill Clinton, hizo jamás. Bill Clinton emitió muchas más sanciones contra India y la condenó por detonaciones de armas nucleares en el subsuelo. Y aun con todo ello, a Clinton se le ama mucho más allí que a Bush. Los viajes a la India de Clinton siempre implicaban acercarse a la gente y a la cultura. La administración Bush, por otro lado, alejaba al presidente de cualquier interacción con la gente india más allá de los agentes del gobierno. Como era típico de muchos de sus viajes al extranjero, tenía tiempo limitado para reunirse con los líderes empresariales, los servidores civiles y los activistas cuando visitaba el país como presidente. Hay que reconocer que las cuestiones de seguridad en la era después del 11 de septiembre le hacían estar en mucho más riesgo de lo que hubiera experimentado jamás ningún presidente de Estados Unidos. Pero, ya fuera justo o no, la limitada interacción entre Bush y la gente y la cultura de los lugares donde viajaba comunicaba una falta de respeto y de aprecio. Quizá no fue su intención, pero a veces lo que cuenta *no es* simplemente lo que se piensa. Si hubiera sido capaz de hacer un esfuerzo mayor para tocar a la gente en los países extranjeros que visitaba, aquello hubiera tenido un importante valor simbólico. Esto es un ejemplo extremo de cómo las decisiones políticas de un líder importan, pero el simbolismo que rodea las interacciones interculturales a menudo es más poderoso.[11] Muchos líderes de organizaciones hacen lo mismo. Hacen grandes progresos desarrollando buenos planes y colaboraciones internacionales, pero fallan cuando tienen que conectar con sinceridad con la gente y la cultura que tiene que ver con ellos, y esas colaboraciones traen muchos menos resultados de los esperados.

Aprovechando al máximo el emergente dominio de la inteligencia cultural, tanto tú como tu compañía no tendrán por qué ser un número más de la estadística de fracasos en el trabajo internacional. La inteligencia cultural nos ofrece un enfoque realista a las frenéticas agendas de viaje y los plazos de entrega que enfrentamos como líderes. Es un conjunto de herramientas en desarrollo que sigue creciendo mientras vivimos, lideramos y aprendemos. Y proporciona un modo de mantenerse en la vanguardia a la vez que contribuye al bien mayor de la humanidad en el mundo.

Sigue el ciclo de cuatro pasos hacia la IC mientras preparas tu próxima interacción intercultural:

- Primer paso: examina tu motivación (determinación de la IC).
- Segundo paso: intenta comprender (conocimiento de la IC).
- Tercer paso: sal de tu cajón cuando planifiques (estrategia de la IC).
- Cuarto paso: lidera eficazmente con respeto (acción de la IC).

Estoy a punto de hacer mi primer viaje a Sudán. Mi pasión por viajar beneficia a mi determinación de la IC. Me siento fascinado por caminar por las calles de un lugar del que he escuchado mucho hablar. Rara vez me siento nervioso acerca de donde viajo, pero tengo una parte de reticencia dada toda la violencia que se vive allí. Sin embargo, puedo ver las oportunidades para establecer contactos que me va a otorgar este viaje y eso me ayuda a motivarme.

En el camino, paro en Dubái para investigar a un nuevo socio, y eso hace que aún crezca más mi interés por este inminente viaje. He seguido en las noticias la historia reciente de Sudán y también por medio de libros como *Qué es el qué* de Dave Eggers. He tenido estudiantes sudaneses en clase. Pero tengo muy poco conocimiento de los entresijos de la cultura sudanesa. Aun así, no voy a empezar de cero. Mi conocimiento de la IC sobre las culturas en general me proporciona un conjunto de preguntas para pensar mientras anticipo mi trabajo allí. Y estoy haciendo uso de una creciente cartera de conocimiento para planificar y trazar estrategias de cómo lo voy a hacer en mi papel de asesor y profesor mientras estoy allí. La estrategia de la IC me ayuda a tener presente el modo en que se me percibe. Estoy pensando en el grado en que puedo aplicar con justicia a Sudán lo que he vivido en otras culturas de África Oriental.

Al final del día, espero que mi conducta en Sudán (la acción de la IC) sea un equipaje mezclado de éxitos y fracasos. Normalmente lo es. Quiero prepararlo bien. Pero no quiero preocuparme. Realmente, no puedo. Tengo demasiadas cosas que hacer desde ahora hasta que parta para Sudán. Así que, ¿cómo puedo ser un líder responsable y mantenerme en pie en medio de los giros y curvas del mundo multidimensional en Sudán a la vez que no me siento estancado por la parálisis del análisis? La inteligencia cultural me ofrece una forma manejable de hacerlo. No estoy improvisando, pero tampoco me he propuesto algo tan irreal como pasar las próximas semanas convirtiéndome en un experto en la cultura sudanesa. Es demasiado para Sudán: tengo una conferencia telefónica en diez minutos con socios de la República Checa, México, Estados Unidos y China. Es tiempo de abandonar el llano y predecible terreno de la escritura de un libro y regresar a liderar y a relacionarse en el mundo multidimensional que me espera. ¡Te veré en el camino!

APÉNDICE: INVESTIGACIÓN DEL CONTEXTO

El modelo de inteligencia cultural está basado en un riguroso trabajo empírico que abarca investigadores de veinticinco países. Christopher Earley y Soon Ang ampliaron el estudio sobre múltiples inteligencias para desarrollar el modelo conceptual de la inteligencia cultural.[1] Los investigadores Soon Ang, Linn Van Dyne, Christine Koh, Koh-Yee Ng, Klaus Templer, Cheryl Tay y N. Anand Chandrasekar desarrollaron y validaron un inventario de veinte elementos llamado la Escala de Inteligencia Cultural (CQS por sus siglas en inglés), para pedir el coeficiente cultural en varias culturas.[2] Desde 2003, el tema de la IC ha atraído la atención de todo el mundo y de diferentes disciplinas. De acuerdo a Soon Ang y Linn Van Dyne, los estudios se han presentado a muchos grupos, incluyendo la Society for Industrial and Organizational Psychology, la American Psychological Association, la International Conference on Information Systems, la International Academy of Intercultural Relation, el International Congress of Applied Psychology, la Shanghai Conference on Cultural Intelligence in China, la United States Defense Advanced Research Projects Agency y la International Military Testing Association.[3] Aunque donde más se ha comprobado ha sido en contextos empresariales y educativos, también se han recogido datos de los campos de la enfermería, la ingeniería, la ley, la consultoría, la salud mental, el gobierno y la religión.

La investigación a la que se hace referencia a lo largo de este libro proviene de un gran número de investigadores ocupados en la comprobación de la inteligencia cultural, incluyéndome a mí mismo. Cualquiera de los datos sacados directamente de la investigación de los demás se citan como tales. El resto de hallazgos sobre inteligencia cultural incluidos en el libro provienen de los datos que yo he recogido desde 2005 hasta 2008, como parte del Cultural Intelligence and Leadership Project. Este proyecto fue una serie de estudios que analizaban y aplicaban la inteligencia cultural al trabajo de los líderes en una gran variedad de contextos: negocios, educación, entidades benéficas y en el gobierno. La hipótesis del Cultural Intelligence and Leadership Project es que existe una relación positiva entre la adquisición de inteligencia cultural y la eficacia de un líder en el siglo veintiuno. Hasta la fecha, se ha implicado a 1,023 sujetos en la investigación de este proyecto. Los datos se tomaron utilizando un enfoque teórico basado en los datos por medio de entrevistar a los sujetos, leer sus diarios, administrar encuestas, convocar grupos de enfoque y hacer observaciones de primera mano. Se hizo con la finalidad de que estos estudios fueran de carácter descriptivo.

Un subconjunto de esta investigación incluyó la evaluación de las experiencias de líderes religiosos que no solamente tenían una cultura socioétnica, sino también una organizativa y generacional; los hallazgos de ello se encuentran en mi libro *Cultural Intelligence: Improving Your CQ to Engage Our Multicultural World* [Inteligencia cultural: mejora tu IC para llegar a nuestro mundo multicultural]. Muchos de los datos de este subconjunto se recogieron a través de estudios en grupos de enfoque.

Para respetar y proteger la confidencialidad de los sujetos encuestados, sus nombres y los de sus organizaciones han sido cambiados; sin embargo, el resto de información demográfica (por ejemplo, el género, la edad, la etnia y la localización básica) no se han alterado en el informe de resultados ni aquí ni en otros lugares. Me siento tremendamente agradecido por la generosidad de cientos de líderes y sus organizaciones por confiarme sus pensamientos, sentimientos y reflexiones acerca del liderazgo intercultural. Visita el Cultural Intelligence Center en http://www.cq-portal.com para obtener más información sobre la investigación de la IC.

Prefacio

1. Soon Ang y Linn Van Dyne, "Conceptualization of Cultural Intelligence", Soon Ang y Linn Van Dyne, ed., *Handbook of Cultural Intelligence: Theory, Measurement, and Applications* (Armonk, NY: M. E. Sharpe, 2008), p. 3.
2. Aimin Yan y Yadong Luo, *International Joint Ventures: Theory and Practice* (Armonk, NY: M. E. Sharpe, 2000), p. 32.
3. R. Sternberg y Douglas K. Detterman, *What is Intelligence? Contemporary Viewpoints on Its Nature and Definition* (Nueva York: Ablex Publishing, 1986).
4. Soon Ang, Linn Van Dyne, Christine Koh, Koh-Yee Ng, Klaus Templer, Swing Ling Cheryl Tay y N. Anand Chandrasekar, "Cultural Intelligence: Its Measurement and Effects on Cultural Adaptation, and Task Performance", *Management and Organization Review*, 3 (2007): pp. 335–71.
5. Una recopilación de gran parte de la investigación sobre IC dirigida hasta la fecha aparece en: Soon Ang y Linn Van Dyne, ed., *Handbook of Cultural Intelligence: Theory, Measurement, and Applications.*

Capítulo 1: Lideras en un terreno multicultural: ¿Por qué la IC?

1. Ang y Van Dyne, "Conceptualization of Cultural Intelligence", p. 3.
2. Thomas Friedman, *La tierra es plana: Breve historia del mundo globalizado del siglo XXI* (Barcelona: Martínez Roca, 2005).
3. Economist Intelligence Unit, "CEO Briefing: Corporate Priorities for 2006 and Beyond", *The Economist: Economic Intelligence Unit* (EIU) en http://a330.g.akamai.net/7/330/25828/20060213195601/graphics.eiu.com/files/ad_pdfs/ceo_Briefing_UKTI_wp.pdf, p. 3.
4. Ibid.
5. Ibid.
6. Gary Ferraro, *The Cultural Dimension of Business* (Upper Saddle River, NJ: Prentice-Hall, 1990), pp. 2–3.

7. Economist Intelligence Unit, "CEO Briefing", p. 9.

8. Ibid., p. 17.

9. Douglas A. Ready, Linder A. Hill y Jay A. Conger, "Winning the Race for Talent in Emerging Markets", *Harvard Business Review* (noviembre 2008): pp. 63–70.

10. Jessica R. Mesmer-Magnus y Chockalingham Viswesvaran, "Expatriate Selection, Training, and Repatriation", Michael Harris, ed., *Handbook of Research in International Human Resource Management* (Boca Raton, FL: CRC Press, 2007), p. 184; y Linda J. Stroh, J. Stewart Black, Mark E. Mendenhall y Hal B. Gregersen, *International Assignments: An Integration of Strategy, Research, and Practice* (Boca Raton, FL: CRC Press, 2004).

11. Margaret Shaffer y Gloria Miller, "Cultural Intelligence: A Key Success Factor for Expatriates", Ang y Van Dyne, ed., *Handbook of Cultural Intelligence*, pp. 107, 120.

12. R. J. House, P. J. Hanges, M. Javidan, P. W. Dorfman y V. Gupta, *Culture, Leadership and Organizations: The GLOBE Study of 62 Societies* (Thousand Oaks, CA: Sage, 2004), p. 12.

13. Kok Yee Ng, Linn Van Dyne y Soon Ang, "From Experience to Experiential Learning: Cultural Intelligence as a Learning Capability for Global Leader Development", *Academy of Management Learning & Education* (Briarcliff Manor, NY: Academy of Management, 2002).

14. Soon Ang, Linn Van Dyne, C. Koh, K. Y. Ng, K. J. Templer, C. Tay y N. A. Chandrasekar, "Cultural Intelligence: Its Measurement and Effects on Cultural Judgment and Decision-Making, Cultural Adaptation, and Task Performance", *Management and Organization Review* 3 (2007): p. 340.

15. Ibid.

Capítulo 2: Necesitas un mapa para el viaje: Visión de conjunto de la IC

1. Cheryl Tay, Mina Westman y Audrey Chia, "Antecedents and Consequences of Cultural Intelligence Among Short-Term Business Travelers", Ang y Van Dyne, ed., *Handbook of Cultural Intelligence*, p. 130.

2. Soon Ang y Linn Van Dyne, "Conceptualization of Cultural Intelligence", p. 3.

3. Linn Van Dyne y Soon Ang, "The Sub-Dimensions of the Four-Factor Model of Cultural Intelligence", informe técnico para el Cultural Intelligence Center, 2008.
4. Ibid.
5. Ibid.
6. Ibid.
7. Ibid.
8. Ibid.
9. Ang, Van Dyne, Koh, Ng, Templer, Tay y Chandrasekar, "Cultural Intelligence: Its Measurement and Effects on Cultural Judgment", pp. 335–71.
10. Linn Van Dyne, Soon Ang y Christine Koh, "Development and Validation of the CQS: The Cultural Intelligence Scale", Ang y Van Dyne, ed., *Handbook of Cultural Intelligence*, pp. 16–38; ver Apéndice A al C, Escala de Inteligencia Cultural (CQS), pp. 389–91.
11. Van Dyne y Ang, "The Sub-Dimensions of the Four-Factor Model of Cultural Intelligence".
12. J. D. Mayer y P. Salovey, "What Is Emotional Intelligence?", P. Salovey y D. Sluter, ed., *Emotional Development and Emotional Intelligence: Educational Applications* (Nueva York: Basic Books, 1997), pp. 3–31.
13. Ng, Van Dyne y Ang, "From Experience to Experiential Learning".
14. Soon Ang, Linn Van Dyne y Christine Koh, "Personality Correlates of the Four-Factor Model of Cultural Intelligence", *Group & Organizational Management*, 31 (2006): pp. 100–123.
15. Maddy Janssens y Tineke Cappellen, "Contextualizing Cultural Intelligence: The Case of Global Managers", Ang y Van Dyne, ed., *Handbook of Cultural Intelligence*, p. 369.
16. David Livermore, *Cultural Intelligence and Leadership Project* (Grand Rapids, MI: Global Learning Center, 2008), p. 12.
17. Linda Fenty, conversación personal, 1 mayo 2008.

Capítulo 3: Estimula tu apetito: La motivación de la IC (Primer paso)

1. Van Dyne y Ang, "The Sub-Dimensions of the Four-Factor Model of Cultural Intelligence".
2. Albert Bandura, *Self-Efficacy: The Exercise of Control* (Nueva York: W. H. Freeman, 1997), p. 15 [*Autoeficacia: Cómo afrontamos los cambios de la sociedad actual* (Bilbao: Desclée de Brouwer, 2009)].

3. Klaus Temper, C. Tay y N. A. Chandrasekar, "Motivational Cultural Intelligence, Realistic Job Preview, and Cross-Cultural Adjustment", *Group & Organization Management*, 31 (1 febrero 2006): pp. 167–68.
4. P. Christopher Earley, Soon Ang y Joo-Seng Tan, *CQ: Developing Cultural Intelligence at Work* (Stanford, CA: Stanford Business Books, 2006), p. 69.
5. Tay, Westman y Chia, "Antecedents and Consequences of Cultural Intelligence Among Short-Term Business Travelers", p. 130.
6. Earley, Ang y Tan, *CQ*, pp. 67–68.
7. Craig Storti, *The Art of Crossing Cultures* (Yarmouth, ME: Intercultural Press, 1990), p. 44.
8. J. Stewart Black y Hal B. Gregersen, "The Right Way to Manage Expats", *Harvard Business Review*, 77 (marzo/abril): p. 53.
9. Livermore, *Cultural Intelligence and Leadership Project*, p. 22.
10. Evan West, "America's Greenest City", *Fast Company* (octubre 2008): p. 80.
11. Thich Nhat Hanh, *The Art of Power* (Nueva York: Harper One, 2007), p. 68 [*El arte del poder* (Barcelona: Oniro, 2008)].
12. Paulo Freire, *Pedagogy of the Oppressed* (Nueva York: Continuum, 1997), p. 97 [*Pedagogía del oprimido* (Madrid: Siglo XXI, 1995)].
13. Fareed Zakaria, *The Post-American World* (Nueva York: Norton Publishing, 2008), p. 224 [*El mundo después de USA* (Barcelona: Espasa-Calpe, 2009)].
14. Ibid., p. 226.
15. Ibid., pp. 257-58.
16. Henry Cloud, *Integrity: The Courage to Meet the Demands of Reality* (Nueva York: Collins, 2006), p. 242.
17. Lu M. Shannon y Thomas M. Begley, "Antecedents of the Four-Factor Model of Cultural Intelligence", Ang y Van Dyne, ed., *Handbook of Cultural Intelligence*, pp. 41–54; y Ibraiz Tarique y Riki Takeuchi, "Developing Cultural Intelligence: The Role of International Nonwork Experiences", Ang y Van Dyne, ed., *Handbook of Cultural Intelligence*, p. 56.

Capítulo 4: Estudia la topografía: El conocimiento de la IC (Segundo paso, parte a)

1. Allan Hall, Tom Bawden y Sarah Butler, "Wal-Mart Pulls Out of Germany at a Cost of $1BLN", *The Times* (29 julio 2006).

2. Edgar Schein, *Organizational Culture and Leadership* (San Francisco: Jossey-Bass, 2004), p. 11.

3. Van Dyne y Ang, "The Sub-Dimensions of the Four-Factor Model of Cultural Intelligence".

4. Claudia Strauss y Naomi Quinn, *A Cognitive Theory of Cultural Meaning* (Cambridge: Cambridge UP, 1997), p. 253.

5. William Rugh, "If Saddam Had Been a Fullbrighter", *Christian Science Monitor* (2 noviembre 1995).

6. William Kiehl, *America's Dialogue with the World* (Washington, DC: Public Diplomacy Council, 2006), p. 42.

7. *Los vigilantes de la playa* en http://es.wikipedia.org/wiki/Baywatch (acceso 5 enero 2012).

8. Robert Parkin, *Kinship: An Introduction to Basic Concepts* (Malden, MA: Blackwell), p. 49 [*Antropología del parentesco y de la familia* (Madrid: Editorial Universitaria Ramón Areces, 2007)].

9. Kwok Leung y Soon Ang, "Culture, Organizations, and Institutions", R. S. Bhagat y R. M, Steers, ed., *Cambridge Handbook of Culture, Organizations, and Work* (Cambridge, MA: Cambridge UP, 2008), p. 26.

10. Max Weber, *La ética protestante y el espíritu del capitalismo* (Madrid: Península, 2008).

11. Kwok Leung y Soon Ang, "Culture, Organizations, and Institutions", p. 29.

12. Aihwa Ong, *Spirits of Resistance and Capitalist Discipline: Factory Women in Malaysia* (Albany: State University of New York Press, 1987), p. 101.

13. Paul Hiebert, *Anthropological Reflections on Missiological Issues* (Grand Rapids, MI: Baker Academic, 1994), p. 114.

14. Ibid., p. 113.

Capítulo 5: Cava por debajo del terreno: El conocimiento de la IC (Segundo paso, parte b)

1. Ver Robert Levine, *How Every Culture Keeps Time Just a Little Bit Differently* (Nueva York: Basic, 1997), p. 157 [*Una geografía del tiempo. O como cada cultura percibe el tiempo de manera un poquito diferente* (Buenos Aires: Siglo XXI Editores Argentina, 2002)]; adaptado de Edward Hall y M. R. Hall, *Understanding Cultural Differences: Germans, French, and Americans*

(Yarmouth, ME: Intercultural Press, 1990), p. 190; Geert Hofstede, "Individualism, Power Distance, and Uncertainty Avoidance", *Cultures and Organizations: Software of the Mind* (Nueva York; McGraw-Hill, 1997), p. 5; visita http://www. geerthofstede.com para más información. (Hofstede asignó a Singapur una puntuación muy baja en evitación de la incertidumbre [9 puntos], pero está ampliamente debatido. La cultura dominante es mucho más reacia al riesgo que esta puntuación sugiere.) Ver también House, Hanges, Javidan, Dorfman y Gupta, *Culture, Leadership and Organizations* para saber más de valores culturales y de liderazgo.

2. Mi experiencia refleja de forma parecida una simulación a la que se hace referencia en Storti, *Cross-Cultural Dialogues*, p. 64. El análisis de Storti me ayudó a pensar acerca del papel de la jerarquía en este encuentro.

3. L. Robert Kohls y John Knight, *Developing Intercultural Awareness: A Cross-Cultural Training Handbook* (Yarmouth, ME: Intercultural Press, 1994), p. 45.

4. Soon Ang, conversación personal (26 octubre 2005); y M. J. Gelfand, L. Nishii y J. Raver, "On the Nature and Importance of Cultural Tightness-Looseness", *Journal of Applied Psychology*, 91 (2006): pp. 1225–44.

5. Gary Ferraro, *The Cultural Dimension of Business* (Upper Saddle River, NJ: Prentice-Hall, 1990), p. 12.

6. S. T. Shen, M. Wooley y S. Prior, "Towards Culture-Centered Design", *Interacting with Computers*, 18 (2006): pp. 820–52.

7. Gary Ferraro, *The Cultural Dimension of Business*, p. 48.

8. Ibid., p. 49.

Capítulo 6: Desconectar el control de crucero: La estrategia de la IC (Tercer paso)

1. Van Dyne y Ang, "The Sub-Dimensions of the Four-Factor Model of Cultural Intelligence".

2. Thich Nhat Hanh, *The Miracle of Mindfulness* (Boston: Beacon, 1999), pp. 42–44 [*Cómo lograr el milagro de vivir despierto* (Madrid: Jaguar Ediciones, 2003)].

3. Tom Rath, *StrengthsFinder 2.0: A New and Upgraded Edition of the Online Test from Gallup's Now, Discover Your Strengths* (Washington, DC: Gallup Press, 2007).

4. Earley, Ang y Tan, *CQ: Developing Cultural Intelligence at Work*, p. 11.

5. P. Christopher Earley y Soon Ang, *Cultural Intelligence: Individual Interactions Across Cultures* (Stanford, CA: Stanford Business Books, 2003), p. 115.

6. Soon Ang y Linn Van Dyne, "Conceptualization of Cultural Intelligence", p. 5.

7. Richard Brislin, R. Worthley y Brent Macnab, "Cultural Intelligence: Understanding Behaviors That Serve People's Goals", *Group and Organization Management*, 31 (1 febrero 2006), p. 49.

8. Six Sigma Financial Services, "Determine the Root Cause: 5 Whys", http://finance.isixsigma.com/library/content/c020610a.asp.

9. Ng, Van Dyne y Ang, "From Experience to Experiential Learning: Cultural Intelligence as a Learning Capability for Global Leader Development".

Capítulo 7: Corre, camina o trota: La acción de la IC (Cuarto paso)

1. Edward Stewart y Milton Bennett, *American Cultural Patterns: A Cross-Cultural Perspective* (Boston: Intercultural Press, 1991), p. 15.

2. Van Dyne y Ang, "The Sub-Dimensions of the Four-Factor Model of Cultural Intelligence".

3. La Universidad de Phoenix es una institución con fines comerciales que se especializa en educación adulta con más de 345,000 estudiantes en 200 campus.

4. Van Dyne y Ang, "The Sub-Dimensions of the Four-Factor Model of Cultural Intelligence".

5. Helen Spencer-Oatey, *Culturally Speaking* (Londres: Continuum Press, 2000), pp. 236–37.

6. Adaptado del ejemplo de Helen Spencer-Oatey para pedirle a alguien que lave los platos en Spencer-Oatey, *Culturally Speaking*, p. 22.

7. Originalmente en mi libro *Cultural Intelligence: Improving Your CQ to Engage Our Multicultural World* (Grand Rapids, ME: Baker Books, 2008), p. 115.

8. Peter Hays Gries y Kaiping Peng, "Culture Clash? Apologies East and West", *Journal of Contemporary China*, 11 (2002): pp. 173–78.

9. David Thomas y Kerr Inkson, *Cultural Intelligence: People Skills for Global Business* (San Francisco, Berrett-Koehler, 2004), p. 113.

10. Ibid., p. 116.
11. Resultados de la investigación sobre IC y negociación presentados en Lynn Imai y Michele J. Gelfand, "Culturally Intelligent Negotiators: The Impact of CQ on Intercultural Negotiation Effectiveness", *Academy of Management Best Paper Proceedings* (2007).
12. Ferraro, *The Cultural Dimension of Business*, p. 133.
13. Thomas y Inkson, *Cultural Intelligence*, p. 118.
14. Imai y Gelfand, "Culturally Intelligent Negotiators".
15. Howard Giles y Philip Smith, "Accommodation Theory: Optimal Levels of Convergence", H. Giles y R. N. St. Clair, ed., *Language and Social Psychology* (Baltimore: University Park Press, 1979), pp. 45–63.

Capítulo 8: Mira el camino que te queda por recorrer: Pruebas y consecuencias de la IC

1. Thomas Rockstuhl, *Relationships with CQ in Literature* (Singapore: Nanyang Business School, 2008).
2. Ang y Van Dyne, "Conceptualization of Cultural Intelligence", p. 10.
3. Ang, Van Dyne, Koh, Ng, Templer, Ling, Tay y Chandrasekar, "Cultural Intelligence: Its Measurement and Effects on Cultural Adaptation, and Task Performance", pp. 335–71.
4. Earley, Ang y Tan, *CQ*, p. 10.
5. Economist Intelligence Unit, "CEO Briefing", p. 14.
6. Earley, Ang y Tan, *CQ*, p. 10.
7. Soon Ang et al., "Cultural Intelligence", pp. 335–71.
8. T. Oolders, O. S. Chernyshenko y S. Shark, "Cultural Intelligence as a Mediator of Relationships Between Openness to Experience and Adaptive Performance", Ang y Van Dyne, ed., *Handbook of Cultural Intelligence*, pp. 145–58; y Soon Ang et al., "Cultural Intelligence".
9. Kwanghyun Kim, Bradley Kirkman y Gigal Chen, "Cultural Intelligence and International Assignment Effectiveness: A Conceptual Model and Preliminary Findings", Ang y Van Dyne, ed., *Handbook of Cultural Intelligence*, pp. 71 y ss.
10. Economist Intelligence Unit, "CEO Briefing", p. 14.
11. R. Imai, "The Culturally Intelligent Negotiator: The Impact of CQ on Intercultural Negotiation Effectiveness", *Masters Abstracts Internacional*, 45 (2007): p. 5.
12. Earley, Ang y Tan, *CQ*, p. 10.

13. Soon Ang y Andrew C. Inkpen, "Cultural Intelligence and Offshore Outsourcing Success: A Framework of Firm-Level Intercultural Capability", *Decision Sciences*, 39 (agosto 2008): p. 346.
14. Tay, Westman y Chia, "Antecedents and Consequences of Cultural Intelligence Among Short-Term Business Travelers", pp. 126 y ss.
15. M. V. Lugo, "An Examination of Cultural and Emotional Intelligences in the Development of Global Transformational Leadership Skills", *Dissertation Abstracts International*, 68 (2007): p. 10; y K. A. Crowne, "The Relationship Among Social Intelligence, Emotional Intelligence, Cultural Intelligence, and Cultural Exposure", *Dissertation Abstracts International*, 68 (2007): p. 3.
16. Ang, Van Dyne y Koh, "Personality Correlates of the Four-Factor Model of Cultural Intelligence", pp. 100–123.
17. Efrat Shokef y Miriam Erea, "Cultural Intelligence and Global Identity in Multicultural Teams", Ang y Van Dyne, ed., *Handbook of Cultural Intelligence*, p. 180.
18. Tay, Westman y Chia, "Antecedents and Consequences of Cultural Intelligence Among Short-Term Business Travelers", pp. 126–44; Soon Ang et al., "Cultural Intelligence"; y Shannon y Begley, "Antecedents of the Four-Factor Model of Cultural Intelligence", pp. 41–55.
19. Tay, Westman y Chia, "Antecedents and Consequences", pp. 126–44.
20. Shokef y Erea, "Cultural Intelligence and Global Identity in Multicultural Teams", pp. 177–91.
21. Ng, Van Dyne y Ang, "From Experience to Experiential Learning".
22. Ver Ranya Idliby, Suzanne Oliver y Priscilla Warner, *The Faith Club: A Muslim, A Christian, A Jew—Three Women Search for Understanding* (Nueva York: Free Press, 2006) para una historia real de tres mujeres que hicieron esto.

Chapter 9: Reclutar a compañeros de viaje: Cómo desarrollar la IC en tu equipo

1. Edgar Schein, *Organizational Culture and Leadership* (San Francisco: Jossey-Bass, 2004), p. 23.
2. Ang y Inkpen, "Cultural Intelligence and Offshore Outsourcing Success", pp. 343–44; y M. A. Carpenter, W. G. Sanders y H. B. Gregersen, "Bundling Human Capital with Organizational

Context: The Impact of International Assignment Experience on Multinational Firm Performance and CEO Pay", *Academy Management Journal*, 44 (2001): pp. 493–511.

3. Shaffer y Miller, "Cultural Intelligence: A Key Success Factor for Expatriates", pp. 107 y ss.
4. Tay, Westman y Chia, "Antecedents and Consequences of Cultural Intelligence Among Short-Term Business Travelers", p. 130.
5. Ang y Inkpen, "Cultural Intelligence and Offshore Outsourcing Success", p. 346.
6. Jiing-Lih Larry Farh, P. Christopher Earley y Shu-Chi Lin, "Impetus for Action: A Cultural Analysis of Justice and Organizational Citizenship Behavior in Chinese Society", *Administrative Science Quarterly*, 42 (1997): pp. 421–44.
7. Rebecca Kuiper, conversación personal (2 octubre 2008).
8. Maddy Janssens y Tineke Cappellen, "Contextualizing Cultural Intelligence: The Case of Global Managers", Ang y Van Dyne, ed., *Handbook of Cultural Intelligence*, p. 369.
9. Earley, Ang y Tan, *CQ*, p. 29.
10. Michael Goh, Julie M. Koch y Sandra Sanger, "Cultural Intelligence and Counseling Psychology", Ang y Van Dyne, ed., *Handbook of Cultural Intelligence*, p. 264.
11. Zakaria, *The Post-American World*, p. 225.

Apéndice: Investigación del contexto

1. R. Sternberg y Douglas K. Detterman, *What is Intelligence? Contemporary Viewpoints on Its Nature and Definition* (Nueva York: Ablex Publishing, 1986).
2. Ang, et. al., "Cultural Intelligence: Its Measurement and Effects on Cultural Adaptation, and Task Performance", pp. 335–71.
3. Ang y Van Dyne, ed., *Handbook of Cultural Intelligence*, p. 130. Este volumen ofrece la publicación más extensiva acerca de la investigación de la IC hasta la fecha.

ÍNDICE